経営道

心と道の経営

幸せ創造企業への道

市川覚峯
Kakuho Ichikawa

致知出版社

はじめに

日本には日本らしい経営――人を大切にする経営、和を重んじる経営、人々を幸せに導く経営があります。かつては、全国民が皆の幸せのため、国の発展のために誇りをかけてがんばったから、GDP世界第二位にまでなることができました。

そのとき、大きく旗を振っていた先達経営者たちは、戦前の教育を受け、強い日本思想を軸に持ち、「国利民福」の想いと志を持っていました。日本は伝統的な「匠の精神」「大和魂」を肝に据え、技術革新や経営革新を成し遂げ、世界に誇る経済大国となったわけです。

しかし今、経済大国から「精神大国」になることが大切だと語る人がいます。成熟社会では、成熟人間がたくさんいる成熟企業が支持されるというわけです。

成熟人間は、必ず人や社会を幸せにしようと活動します。先達たちが「人を幸せにする企業が幸せになる」「利益は人や社会に貢献した証である」「人に喜びを与え一緒に幸せになろう」と語っていたように、自分に幸せを運んでくれる人間や企業が求められているのです。そういう企業が敬愛され、発展していくに違いありません。

日本には古くから大切にしてきた考え方、思想があります。それは仏教の「利他」「抜苦与楽《ばっくよらく》」の心であり、儒教の「仁義礼智信」、武士道の「忠義」「誠」「勇猛」であったりします。

また、日本人の多くは「真善美」が好きで、最近でこそコモングッド（共通善）など叫ばれていますが、日本人は昔から「美徳の経営」を続けてきています。「社徳が社格をつくる」として、企業は全社をあげてボランティアを行い、利益を文化施設の建設に寄付するなど地域や社会に還元してきました。

コーポレートフィロソフィー、コーポレートシチズンシップ、メセナなどの横文字が飛び交う百年も前の話です。これらは「三方よし」の近江商人の流れを汲んだり、「損して徳とれ」の船場の「商人道」の伝統を継承してきた日本的商人の活動そのものです。

経営の神様と言われた松下幸之助も、メザシを食べて国に貢献した土光敏夫も、国利民福を訴えカルピスを開発した三島海雲も、こうした先達の影響を受けてきました。欧米のマネタリー経済の影響で日本的な「経営の心と道」を失うと、日本人らしい経営は捨て去られてしまいます。企業は一時の儲けだけでなく、永続的に繁栄して人びとを幸せに導いていかなければなりません。

日本には二百年以上続く企業が三千社を超え、二位のドイツを大きく引き離しています。それは、日本が長い間継承し大切にしてきた「日本人の心」を守り続け、これをベースにした「商人道」「経営道」を続けてきたからにほかなりません。

私たちはこうした日本人の心、日本精神をバックボーンにした「経営道」「日本的経営」を末永く継承し、世界から敬愛される企業づくり、国づくりを目指さなければなりません。このことは命をかけて昭和の時代に日本を復興し、現在の日本の礎をつくってくれた先達のこの国に対する憂いの継承でもあります。

彼らの「日本は経済的には復興したけれど、日本精神の復興はされていない。次代を担うみなさんが、ぜひ日本思想を復興してほしい」という叫びが聞こえてきます。縁あってこの書にふれたみなさまと一緒にこの憂いを引き継ぎ、立派な日本経営を実践し、世界から尊敬される国づくりに向けて、努力精進していきたいと思います。

二〇一六年七月吉日

市川　覚峯

経営道——心と道の経営◎目次

第二章　日本人の心の復興を望む

第三章　商人道の心を継承する

第四章　幸せ創造企業への道

第七章　修行千二百日で悟ったこと

第十章 「心と道」の経営リーダーの指針

装幀――フロッグキング・スタジオ

第一章

いま経営の心と道を考える

■右手に論語、左手に算盤の経営

日本を代表する企業家として、人びとから尊敬されている人物に渋沢栄一がいます。渋沢は五百近い企業を創業し、ほかにも、東京商工会議所や東京商科大学（現・一橋大学）を創設した、まさに企業家の神様のような存在です。

渋沢が常に口にしていた言葉に、「右手に算盤、左手に論語」があります。これは、売上、利益に頭をひねり、儲けのことばかり考えるのも結構だが、経営者は常に思想・哲学（論語）をもって企業経営にあたらなければならないという戒めです。

現代は、ハイテク・ローフィロ（ハイテクノロジー、ローフィロソフィー）の時代と言われています。たしかに、マネジメント・テクノロジーにしてもマーケティング・テクノロジーにしても、ひところと比べるとたいへん進化しました。また、そうした先端の知識・ノウハウを各企業は競って導入しました。

しかし、そうした先端のテクノロジーを乏しいフィロソフィー（理念・哲学）で活用したときから、企業の悲劇が始まってしまいました。現在、マスコミで取り上げられている企業の不祥事は、そのほとんどがハイテク・ローフィロ人間が起こした悲しい結末と言っていいのではないでしょうか。

現在の経営リーダーたちは、「両手に算盤、両足にコンピュータ」、つまり自己や自社の利害損得が先行し、データや数値が手かせ足かせになっています。時として倫理・道徳までも横に置いて、企業としての道、人間としての道を踏み外してしまう事件が多いことに寂しい気持ちがしてしまいます。

それも、日本を代表するような大企業のトップや管理職、そして人びとの手本となるべき政治家や教師までが、自己のフィロソフィーを失ってしまっては、これからの時代に一抹の不安を覚えずにはいられません。

企業や社会、そして日本の未来を考えたとき、今こそ日本的経営精神に立ち戻り、自分なりの理念・哲学を確立することが大切だと訴えたいのです。

昭和の時代、日本企業は、しっかりとした理念・哲学をもった人びとが独特の経営者魂をもってリードし、こわい目を光らせていました。

そうした経営の大先輩たちが経済界の核となってリードしていたからこそ、日本は高度成長を成し遂げ、世界で確固たる地位を確立することができたのです。

■先達経営者は何を教えたのか

日本の誇る先達経営者と言えば、「水道哲学」(⇒一〇七頁)を主張し松下電器産業(現パナソニック)二五〇年計画を掲げた松下幸之助。自らはメザシをかじり貧に徹して人や世のために尽くして経団連の会長を務め、国民的人気のあった土光敏夫。そして「人を幸せにする人が幸せになる」と業界をリードしたオムロンの立石一真。誰からも愛され、技術と創造性を大切にしたホンダの本田宗一郎やソニーの井深大《まさる》たちです。

この人たちは独特の経営哲学を持っていました。その精神を企業内に浸透させるばかりか、業界、経済界、そして社会にも発信していました。経営者の会合で語る彼らの言葉は、どうやって儲けるかだけでなく、「企業はどうあるべきか」「企業家はどう生きるべきか」であることが多かったと聞いています。

昭和の時代、排気ガス問題でマスキー法が施行されようとしたとき、自動車業界がこぞって反対するなか、本田宗一郎は「社会に迷惑をかけてまで物をつくるなら、そんな工場はやめたほうがいい」と言い放ち、業界から総スカンをくらいながら、自社ではいち早く基準をクリアした車を世に出したのです。

土光敏夫は、母の教えである「正しきものは強くあれ」の精神を守り、社会正義のためには体を張って周囲の人を怒鳴りちらし、〝怒光さん〟というニックネームまでもらったのです。土光がリードする臨調（中曾根総理大臣の時代）だったからこそ、悪名高かった国鉄も分割民営化されてＪＲに生まれ変わり、政治家も怒鳴られながら義を行い、いくつかの政策で国の未来に安心感を与えました。

しかし、今やこうした気骨のある経営者や高僧のような経営者が、この日本から姿を消し、算盤両手に才にたけたサラリーマン型経営者が増えたのは、たいへん寂しいことです。

■シンボルは二宮金次郎

その昔、どの小学校の校庭にも二宮金次郎（尊徳）の銅像が建っていました。みなさんもご存じのように、薪を背負って本を読んでいる少年姿の尊徳像がほとんどです。これは今流に考えると、シンボリック・マネジメントの手法であり、シンボル的な二宮金次郎を、誰にでもその勤勉ぶりのドラマがイメージできるように、ビジュアル化して人びとの手本としたのです。

私の母は生前、認知症になってしまい、毎日壊れたテープレコーダーのように「柴刈り、縄ない、草鞋《わらじ》をつくり、親の手を助《す》け、弟《おとと》を世話し、兄弟仲よく孝行つくす、手本は二宮金次郎……」と歌っていました。それを聞いた孫たちは、「マインドコントロールだ」と言いながらも、私の手伝いをよくしてくれ、親孝行な行動をとってくれていました。

こう考えると、二宮尊徳をシンボルにした「道徳教育」「生き方教育」は、中身さえ正しく伝えていれば間違っていなかったのではないかと思います。

ところでみなさんは、柴を背負った尊徳が手にしている本は何か、ご存知でしょうか。あれは『大学』という儒教の本です。よく知られている「徳は本なり、財は末なり」をはじめ、まず自分の身を修め、家を斉《ととの》え、地域（国）を治めてから天下国家や世界人類のことを行いなさいと、その順序を示した「修身《しゅうしん》・斉家《せいか》・治国《ちこく》・平天下《へいてんか》」も、この『大学』にしっかりと書かれているのです。

自分の「権利」ばかり主張し、自分の行動は棚に上げて会社や上層部、あるいは社会・経済の批判ばかりしているような人間は、『大学』の理念からすればとても寂しいと言わざるを得ません。

しかし今の世は、自分からは行動しないでいても、他人の行動や他人が創出した企画内容には理路整然と会議の席で批判するような人間が、まるで優れた人材であるかのような錯覚に陥っています。二宮尊徳がその場にいたら、何と語ることでしょう。

話は少し横道にそれてしまいましたが、私がここで言いたいのは、昔の子供たち、またある時代をリードした大人たちは、少なくともこうした立派な哲学や道徳教育を受け、東洋思想、日本思想をベースとした倫理観・道徳観を養っていたということです。

二宮尊徳像の台座には「報徳」という文字が刻まれています。報徳とは「徳をもって徳に報いる」という意味です。徳とは人間をはじめすべてのものの特性、効用、美点、長所のことで、この徳を引き出し、役立たせることを「報いる」と言っているのです。これは二宮尊徳の基本哲学であり、原点は論語や仏教にあります。

こうした二宮尊徳の精神をはじめ様々な東洋思想をしっかりと自分のものとして身につけ、経営に活かして実践した人びとを、私は「先達経営者」として讃えたいのです。

■理念を持ち徳の高い人物を選ぶ

幼いときから、ある思想・哲学を基軸にして、つまり片手に『論語』を手放さずに学び身につけた人間が、立派な経営者・リーダーになれるのです。私は、これからの世は、このように明確な理念や哲学を身につけた人物でなければ、重要なポストに就いてはならないと考えます。

現在、多くの企業が採用している「業績主義」は、企業の利益的側面に貢献した人物を高く評価するシステムであり、時には目先の売上を上げ続けただけの人間が役員となり、トップになっていくような企業さえ見受けられます。

もちろん、辣腕《らつわん》をふるい業績を上げた取締役の中にも、立派な哲学や生きざまをもった方も多いでしょうが、単に算盤高く才走るリーダーであったとしたなら、その企業の未来には悲しいドラマが待っていることは明らかです。

新聞で報道されるような不祥事は表面化されないまでも、社員の元気や明るさを奪ったり、組織の活力を失わせたり、取引先に圧力をかける（弱い立場の下請けを叩き、出入り業者に無理やり自社製品を売りつける……）という状況を生んでしまうのです。

企業が算盤高い思いばかりで業績を上げても、必ずしも社員や取引先は幸福になりません。往々にして、業績一本槍で利益に貢献したハイテク保持人間が、理念・思想が乏しいまま経営陣として居座っているような企業に、そうした傾向が見え隠れしています。

私は、利益に貢献はしても徳がなく哲学のない人間には、「金でケリをつけなさい」とアドバイスしています。つまり、企業にお金の面で貢献した人間なのだから、給与とかボーナスといった金銭面での見返りに徹し、指導的立場や主要ポストに配置すべきではないという考え方です。

主要ポストの本部長や取締役、ましてや社長ともなると、思想・哲学・人徳ともに高く、自社の「利」だけでなく「義」を踏まえ、広く社会に貢献できる人材でなければ、世に不幸を生み出してしまいます。大企業幹部の不祥事のみならず、みなさんの周辺に生じている様々な問題の核は、まさにここにあると言っていいでしょう。

私のクライアントの中にも、成長期・バブル期の成功組が役員に居座り、自分の過去の実績を盾にして権力を振りかざし、現実の社会にマッチしない発言を繰り返して部下たちを悩ませ、企業の活力を失わせている企業が何社もあります。

こうした「ハイテク・ローフィロ型」の幹部に限って、自己を見つめ自己改革していくことができないので、周囲の人びとは頭を悩ませてしまいます。企業の経営者は、幹部登用にあたっては、思想レベルが高く徳のある人物を指導者・リーダーとして選ぶべきだと、ここで改めて訴えたいと思います。

■変えるべきもの、変えてはならぬもの

これからの時代は、企業文化という「第五の経営資源」（〝見えざる資産〟）が企業の将来を左右すると言われています。

企業文化をつくり出す根源、核（コア）は、なんといっても「企業理念」「経営哲学」です。エクセレントカンパニーと称される企業は、いずれも立派な企業理念、経営哲学に裏打ちされ、独自の企業文化が確立されているから強いのです。

パナソニックでは、一九三三年につくられた松下の基本精神である「産業報国の精神」から「感謝報恩の精神」までの七カ条を、全事業所の朝礼の席で全員で声を揃えて読み上げ、社員の精神的バックボーンづくりを怠りません。

立派な創業者の教えにそむいて、目先の業績や自分の立場からの私利私欲で浮利《ふり》を追った企業はすべて、社会の制裁を受け、結果として哀れな結末を迎えています。

「易」「不易」という言葉があります。時代の流れの中で、企業として「変えるべきもの」はたくさんあります。しかし、「変えてはならないもの」「変えるべきでないもの」もあります。それは、その企業らしさであり、創業者精神に裏打ちされた企業文化とも言えます。

日本人が、日本の企業が、これからの時代に継承していかなければならないものは、いったい何でしょう。先端技術でしょうか。マーケティング・テクノロジーでしょうか。それとも人びとを動機づけるマネジメント・テクノロジーでしょうか。

いちばん大切なものは、立派だった先達経営者の理念・哲学です。創業者の精神です。

経営を担う人、社員の指導に携わる人は、こうした企業の哲学・理念・精神を現代的に見直し、形成し、社内の人びとに継承していかなければなりません。

■日本思想で日本人らしく生きる

一つの時代を風靡《ふうび》した日本的経営も、表面的な技法・手法・制度だけを取り上げて、よい・悪いとか時代に合致している・いないなどと、評論家や大学の先生は語っています。しかし、そうした方々は、その背後にある日本の心、日本的思想をどのようにとらえているのでしょうか。そうしたシステムが生じた時代背景や状況だけで評価せず、さらにその背後に潜む経営思想に、ぜひ目を向けていただきたいのです。

日本的経営の技法・手法は、その時代の状況や社員、社会のニーズに合わせて変えていくべきです。しかし、その背後にある思想には、変えるべきでないものもあるのです。

あの有名な「テイラーの科学的管理法」も「メイヨーの人間関係論」も、そして「ドラッカーのマネジメント論」も、すべてその背後には人間や企業、社会に対するものの考え方、思想・哲学があります。

そうしたものをすべて横に置いて、マネジメント技法だけを上手に使いこなしてきたのが日本企業でした。たしかに、それも一つのやり方であったかもしれません。

しかし今、こうした混沌の時代となり、日本経済にもう一歩光が見えず、またそれを支える日本経営が足踏みしている状況では、再び日本的経営の手法・技法の背後に隠れている経営理念・経営思想・哲学に目を向けていく必要があります。

ここでみなさんに、お願いがあります。それは「私たちは日本人なんだから、日本人をやろう」ということです。このようなことを申し上げると、「何を言うか、私は立派な日本人だ」と言う方もいます。

顔かたちは日本人であっても、心の中はどうでしょう。つまり、思想は、哲学は、日本的・東洋的な心を大事にしているでしょうか。

私たちの先輩たちは「和魂洋才」という言葉を残しています。テクノロジーや表面的手法・形態を西洋に学ぶのはいいのですが、日本人の心・魂を持ち、そのアイデンティティ（日本人らしさ）をしっかり押さえて活動しようということです。

「士魂商才」もそうです。商売の才能を発揮するのはいいのですが、士の魂を失ってしまってはいけないという教えです。これは明治維新以来、日本の経営者が合言葉にしてきたことです。

士魂とは、「武士道」的な考え方と生き方です。西洋には騎士道があり、高い身分に伴う義務「ノブレスオブリージュ」の考え方があります。

しかし、日本人の武士道の核となっている「仁・義・礼・智・信」を、日本のリーダーたちは思いのほか身につけていません。これらの原点は、孔子を中心とした『論語』にあります。武士道とされたとき、その思想的背景には仏教的・神道的な教えも入りましたが、ベースはすべて「人間としてどうあるべきか」の東洋的思想です。この本では別章でそれぞれ詳しく述べていきます。

とにかく私は、こうした「日本人が歴史の中で大切にし、先祖から引き継いできた日本思想、日本の心を大切にして、企業社会の中で活かしていきましょう」と訴えたいのです。「日本人なら、日本人らしい心をしっかり持っていきましょう」「バブルの時代や失われた二十年に、どこかに置いてきてしまったのなら、今からでも遅くないから、その忘れ物を取りに戻りましょう」と叫びたいのです。

■日本の美しい心を復興する

日本人である私たちの心の中には、あの「日本の美しい心」が潜んでいます。

「鶴の恩返し」は、幼いときに母親から聞かせてもらった「感謝報恩」の精神です。

「一寸法師」から学んだのは、お椀の舟に箸の櫂《かい》で、未踏の地に冒険に行く「チャレンジ精神」「フロンティアスピリット」です。

「桃太郎」からは、気はやさしくて力持ち、強いばかりでは生きていけない、やさしい心がなければ生きていく価値がないという教えを体に染み込ませたものでした。

「日本人の美しい心」は、先輩たちが二千年以上の長い間、大切に育んできた日本思想です。私たちの知っているだけでも、聖徳太子の「和の精神」、弘法大師の「生かせ命の心」、道元禅師の「こだわらない心」、そしてそれらを受けた二宮尊徳の「報徳心」などがあります。

そうした心を次代に合わせて説き明かした昭和の思想家、中村天風、安岡正篤ら、今この世に教えを打ち出した人は、歴史の中には数え切れないほどいます。そうした数々の教えを企業の中で実践し、自分なりの哲学を創出して社内に浸透させて世に打ち出していったのが、松下幸之助であり土光敏夫だったのです。

これからの時代、若い経営者の中から第二の本田宗一郎、井深大といったような優れたリーダーを日本経済界に輩出していってほしいものです。

そうした意味で、転換期にある日本の企業に最も大切なことは、思想教育、心の教育、それにもとづく大人物の育成です。それも日本人が二千数百年にわたり育んできた、世界に誇るべき日本思想、日本の心の教育であり、そこから生まれた日本的経営です。

本書を読まれた一人でも多くの皆さんが、社内でこうした活動を起こされ、また家庭内で日本の心を大切にされ、業界や地域社会といった身近な社会で、失われた「日本の美しい心」が復活されることを願っています。

■いまこそ経営道を究めるとき

厳しい山が続くほど脇道へそれたり、安易な道を歩もうとする心の誘惑に負けてしまうことがあります。しかし、こうした時代だからこそ「正道」「王道」を歩みたいものです。

正道とは、文字通り正しい道であり、王道とは、王様が裏道や脇道を歩かずにど真ん中を正々堂々と歩み、目的地にたどり着くための道のことです。

武田薬品の創業者武田長兵衛は、「正規軍の戦い」ということを常に主張しました。ゲリラ戦をやると、一時は勝てますが長続きはできません。

商売におけるゲリラ戦は、人に迷惑をかけたり恨みを買ったりしてしまいます。商売にも品格があり、ハイリスク・ハイリターンをねらってゲリラ商法ばかりやっていると、長期的には信用を失いかねません。やはり正しい商道を堂々と歩み、勝ち残りたいものです。

経営には、「術の経営」「法の経営」「道の経営」の三つがあります。

剣道で有名な宮本武蔵は、若いころは剣術使いでした。「剣術」つまりテクニックばかり使って人を倒すようなレベルは、剣士とは言わず剣術使いと言いたくなります。「剣法」になると、右利きの人間はこう打つ、左利きの場合はこうというように、身体の動きや相手の心理的な動きを見極め、それに合わせた戦い方をします。要するに、科学的な「法」の戦いです。

科学野球、科学相撲というように、相手の動きをビデオ撮りし、それを分析して戦い方を考えるのは、まさに法による戦い方といってよいでしょう。相撲でも横綱級になると「相撲道」という言葉があるように、「剣道」でも「経営道」でも、「道」になるとその背景にある理念・思想などの精神が大切にされます。

横綱が相撲道からそれた振る舞いをしてしまったときに、世の中の批判が集中するのは、そのためです。これが幕下クラスであればそれほど厳しく社会の評価は受けないでしょう。

■商売の「術」「法」「道」

商売にも術・法・道があります。「本日限り！　店じまいセール」などと客の駆け込み心理をねらい、テクニックを使って物を売るのは、商売の「術」です。

「法」になると、マーケティングリサーチやＩＥ・ＱＣなどの生産管理手法を活用し、科学的に効率を上げようとします。

これが「道」になると、少し違ってくるのです。経営者が人間的にでき上がり、道を究めれば、テクニックや方法論を駆使しなくても自然に人が集い、商いが成立するというわけです。

昔の中国に「桃李《とうり》もの言わざれども下自《したおのずか》ら蹊《みち》を成す」という言葉があります。これは、桃や李《すもも》の花の魅力にひかれて人びとが集まってくるので、草原だったその場所に自然に道ができるということです。

術・法を求めて目先の売上を上げたいという気持ちはわかりますが、私たちは、やはりきちんとした思想を持ち、それを実現するために人間力を磨き高めて、「道」の経営をめざしたいものです。

■人間力を磨く「○○道」

日本人は昔から「道」を好みます。茶道、華道、柔道と、あらゆるものに「道」と名づけています。

私も若いころ、草月流《そうげつ》の華道を学んだことがあります。私から見ると「華道」の若い先生は「華法」を教えているようにしか見えませんでした。

それは、「水盤の直径の一倍半の長さに芯を切りなさい」「添えはまた三分の二の長さ、控えは添えの三分の二の長さに切りなさい」と、科学的な黄金バランスから生け方の「方法論」を教えています。これは華法であって、華道とは言えません。

あるとき、その華道教室に年老いた先生が来たことがありました。

「市川さん、お花と語りながら生けるのよ」

「お花が自分の輝きをどう演出してほしいか、語りかけてくるでしょう」

「見ていただく方の心を思って生けてください」

「使ったハサミは感謝の心をこめてしっかり磨いてからしまいましょうね」……

生け花の精神を事細かに説いていらっしゃいました。「これぞ本物の華道なり」と私は思っています。

同じ教室で茶道もやっていました。一度覗いてみて、ここでもお茶の「作法」を習いました。私はこの手順・方法ならば、毎日集中して繰り返したら方法だけは一週間でマスターできると思いましたが、この教室の先生は、なんと八歳のときから茶道を五十年間も続けてきていると言います。

彼女はお茶を通して人間力を磨いてきたのであり、日本の華道、茶道、剣道など「道」と名のつく習いごとはすべてそれを手段として、人間力形成に目的を置いているところに特徴があります。

「経営道」もそうです。危機的な経営環境の中で苦難の道を歩みながら、企業の目的を実現する過程で人間力を向上しようとしています。

また、先に述べた剣術使いや華法の生け花教室のように、理念・思想を持たずに経営目的を実現しようとしているものは、まだ経営の「術」「法」の領域での努力であり、「経営道」とは言えません。

経営道とは、経営者やその企業が明確な理念・思想を持ち、それを実現しようと努力精進しているプロセスを言います。また、経営活動やビジネスを通して人間力を向上し、その人間的魅力を核として、商売を繁栄させていこうというものなのです。

■「道」を求め「道」を究める

私たちは常に、商売の道を求めるとともに、経営者のあるべき道を求め、その道を究めようとする努力を怠ってはなりません。道を究めるためには繰り返し繰り返し、練磨する努力が必要です。平坦で安易な道を歩んでしまっては、道を究めることはできません。

元経団連会長の土光敏夫は、毎朝お経をあげながら神仏に向かい「われに艱難を与えたまえ」と祈ったと聞きます。彼は自分の人生経験から、艱難こそが人間力を鍛える最良の道であることを知っていたのです。

今、私たちを取り巻く経営環境は、好むと好まざるとに関わらず、艱難な道が目の前にあります。この道にひるむことなく、また安易に流されることなく、勇猛果敢に取り組むことこそが、経営の道を究める道にほかならないのです。

第二章

日本人の心の復興を望む

■十二名の先達・識者の憂い

「経営の心と道」の活動は、私が三十七歳のときに始めたものです。当時、一橋大学の名誉教授であった故山城章先生と「経営道フォーラム」（現在でも㈱山城経営研究所で継続中）を設立したときから、私の心の中ではキラキラ輝く志の旗を掲げて、この活動に取り組んでいました。

私は㈻産業能率大学の経営管理研究所に勤務し、大企業のコンサルタントとして社風改革活動や管理者研修に八年半関わった後、山城先生とともに上場企業の役員候補者を育成する「経営道フォーラム」を設立し、私は八期生まで四百名の修了生を輩出しました（現在六十期を迎えようとしている）。

安定した大学講師の席を横に置いて、「経営の心と道」の活動に移行した私の中には、誰にも伝え切れない、やむにやまれぬ気持ちがあったからです。それは、当時の学会活動に参加したときの識者の先生方や、指導先の上場企業の尊敬する立派な役員の方々と接し、その方々からの、この国を憂うる気持ちを正面から受け止めてしまったからです。その中には、戦前の教育を受けた方や、戦地で戦い敵の弾をくぐり抜けて生き残った方も何人かいらっしゃいました。
ここでは、私が接した先達経営者や、先哲の識者の方々が、どのような憂いをこの国に持っていたのか紹介したいと思います。なぜなら、私がこの三十年間、日本思想をバックボーンに置いた「経営の心と道」の活動を進めてきたのも、この本をまとめようとしたのも、こうした先達、先哲たちの憂いを引き継ぎ、私の立場から一隅を照らす活動をしようと決意したからにほかなりません。

Tさん「戦後、戦勝国の政策で日本精神・大和魂が骨抜きにされてしまった。日本経済は修復したが、日本精神が復興できていない。このことが様々な社会問題を生じさせている。若いあなた方に、なんとかしてもらわないといけない」

Mさん「日本の伝統的な経営者精神や、それにもとづく経営理念が失われ、単に利益のみ、成長のみを追い求める欧米の拝金主義に巻き込まれ、企業の柄、社風が悪くなってしまった。日本企業は日本企業らしい格式を保ち、企業の品格を失ってはいけない」

Sさん「近ごろの経営者は思想・哲学が薄れ、自分の身の安全を考え、目先の利得を追う人間ばかりになっている。いまこそ経営者の人間力、徳性を向上させる必要がある」

Uさん「大衆を導く指導精神はどこに行ったのか。教育勅語など東洋的な道徳教育を失い、修身を失い、仏教的精神を社会が敬遠するような風潮になってしまった。日本伝統の神道の心などは、まったく世に継承されていない」

Iさん「我々は仁・義・礼・智・信など、五倫・五常の教えを精神的バックボーンに、若いときから叩き込まれた、また修身・斉家・治国・平天下、つまりまず身を修め、家を斉《ととの》えてから自分の地域や天下国家のことを語れという教えであった。現代のこの国の人びとは自分のことも修められず、自分の家庭も斉えられず、他人や社会を批判ばかりする情けない人間になってしまった」

Yさん「日本の経営者には、東洋的な三原則が薄れてきてしまっている。三原則の第一は、目先にとらわれず、できるだけ長い目で観察すること。第二は、一面にとらわれず多面的に考察すること。第三は、枝葉末節にとらわれず根本的に観察すること。これらを失い目先の利得を追うような人間は、企業家とは言えない」

Sさん「西洋の人間学は科学的・理論的でよい。しかし、東洋は人物学であり、西郷隆盛はどうだった、上杉鷹山はこうだったという人物伝が主流である。次代を担う経営者たちは先達経営者たちの生き方や思想を手本として、日本人の心や東洋思想にもとづく見識、器量、度量を深めていってほしい」

Oさん「戦後数十年の間に人物を養い、個々の特性を磨く教育がなくなってしまった。その結果、功利的・知識的・機械的人物、また才人・理論家が輩出され、人間的深みのない人間、いわゆる器量のない秀才なだけのタレントばかりになってきている」

Nさん「伝統的な日本思想を身につけ、修養していない人が多くなり、理論は達者で意気込んでいるが、人間としては練れておらず、器量に欠ける人間が多くなってしまったことに私は憂いている」

Kさん「利他心にもとづく経営をしてほしい。利他とは、自分の利益を多少犠牲にしても、他人や社会のために尽くそうとする心である。今は、他人や社会の利益を犠牲にしても個人の利益や欲望を満たそうとする利己心ばかりが横行している。困った世の中になったものだ」

Jさん「松下幸之助さんが素直な心を強く主張されていた。それは私心なく、曇りなく、自分の利害・感情・知識・先入観にとらわれず、物事をありのままに見ようとする心である。今の経営者を山の修行にでも連れて行っていただき、こうした広い心を育んでほしい」

Aさん「日本は経済大国になったが、心の豊かさ、精神面では問題が生じている。すべての国民が豊かに活き活きと働き、その結果、人類の幸福のために力強く貢献していかなければならない。日本は経済大国から精神大国への道を歩むべきだ、そうした国柄・国風の刷新をしていかなければならない」

以上、紹介したような識者の先生方や先達企業家たちの、この国やこの国の経済をリードする企業家たちのあり方を憂いていました、私はあの方々一人ひとりの顔を思い浮かべながら、「経営の心と道」の運動にこの三十年間取り組んできました。

まだまだ命ある限り、先達、先哲の憂いを引き継いで、この国の国風刷新のため、尽力していきたいと考えています。そのためにもみなさんが本書に書かれている想いを一つでも受け止めていただき、明日の日本のために、未来の日本を担う方々に継承していただきたいのです。

■世界から尊敬される国を築く

ワコールの創業者塚本幸一は、私が日本経営道協会を設立するときに発起人として力をお借りした恩人です。

塚本は戦時中にインパール作戦に参加し、五十人の戦友がほとんど亡くなり、残ったのは三人だけ。なぜ自分が生き残ったのかを三日間考え、「私は生きているのでなく、生かされているのだ」「戦友の分まで日本復興のためにがんばろう」と決意し、ワコールを創業したのです。

塚本は、当時まだ若かった私に憂国の想いを語り、「貫く」とサインして渡してくれた本には、日本を憂える想いが示されていました。

以下に紹介する彼の言葉は、戦友たちの想いをも含めてのものだと私は受け止めています。

「敗戦により戦勝国が忠孝の思想や教育勅語を基本とした教育、家族制度などをバラバラにして、骨抜きの国をつくろうとした。魂を抜かれてしまった日本人は総懺悔して、そのすべてを受け入れた。

結果として今日の日本が誕生したが、戦前のうちに培われた教育によって、血肉となったすばらしい日本人の本質的資質は一変することなく、日本の再建復興のために燃え、励み、誰も予測しえない、世界が驚く経済的発展を成し遂げた。その原動力は戦前の教育によるところが極めて大きい」

塚本の言うように、日本再建のために経済を発展させた原動力は、戦前の教育を受けた人の力が中心だったことは確かです。塚本は、このままでは日本は自滅の道を歩むと嘆きます。

「戦後一番大きく変化したのは、国家意識が消えてしまったことではないだろうか。平和に慣れてしまった国民は、自己中心的な考えに支配され、教育も偏差値至上主義となり、人間を育てて練磨するという教育の本質がなおざりにされてしまった」

塚本の望みは、世界から尊敬される民族国家をつくることにありました。

「これからの日本は、いかにすれば世界から信用され、尊敬される立派な民族国家を築くことができるか。これは二十一世紀の日本に与えられた最重要課題である」

この言葉は私の身体から常に離れません。

「いかに科学技術が発展しても、人間の本質は変わらない。失われつつある人間性、心の問題を、いかにすれば正しく、明るく、清く復活しうるか。いま最も重要なことは、教育の問題である」

塚本は、日本を復興したのは戦前の教育によるものだと語っていましたが、戦前教育の核にあったのは「教育勅語の十二徳」です。塚本は語ります。

「教育勅語は実に立派なものである。今日でも十分に通用する内容になっている。その意図するところを復活させたい」

次に「教育勅語の十二徳」を示しておきます。

一　孝行　　親に孝養をつくしましょう
二　友愛　　兄弟・姉妹は仲良くしましょう
三　夫婦ノ和　夫婦はいつも仲睦まじくしましょう
四　朋友ノ信　友達はお互いに信じ合って付き合いましょう

五　謙遜　　自分の言動を慎みましょう
六　博愛　　広くすべての人に愛の手をさしのべましょう
七　修学習業　勉学に励み職業を身につけましょう
八　智能啓発　知徳を養い才能を伸ばしましょう
九　徳器成就　人格の向上に努めましょう
十　公益世務　広く世の人びとや社会のためになる仕事に励みましょう
十一　遵法　　法律や規則を守り社会の秩序に従いましょう
十二　義勇　　正しい勇気をもって国のため真心を尽くしましょう

■日本民族の精華が心を打つ

日本民族の「精華」、つまりもっとも優れた真髄として言えることは、「自己犠牲」「堅《けん》忍《にん》不《ふ》抜《ばつ》」「勇猛果敢」「惻隠《そくいん》」の四つです。（藤原正彦著『国家の品格』より）

東北、熊本の震災などで、潜在していた日本人の精華が表出されたと言われています。そこでは、自分を「犠牲」にしてでも人のために尽くす活動を、子供から老人までがしたと言います。このことはマスコミに取り上げられ、また識者も語っていました。また、そういった日本人の美しい姿を見た外国の方たちが「日本人はすばらしい国民性を持っている」と高く評価したと聞きます。

「堅忍不抜」というのは、我慢強くじっとこらえて、心がふらつかないということです。地震による津波ですべて流された現実に、お年寄りはじっと耐えそれを受け入れ、わめき散らすような言動は少なく、激しく動揺することはなかったと言われます。東北人は我慢強く立派だったと高く評価されました。

「勇猛果敢」という言葉があります。NHKの大河ドラマ『真田丸』が人気ですが、これは大坂夏の陣で、真田丸という出城で勇猛果敢に振る舞った真田幸村の精神と行動を描いたもので、「歴女」と呼ばれる歴史好きの女性たちからダントツの支持を得ているそうです。日本人女性は、潜在的に勇猛果敢な男性が好きなようです。

「惻隠」という言葉があります。これは他人の気持ちを思いやって可哀そうに思う、同情にも近いもので、次のような話があります。

戦国時代のこと。敵の大将らしい立派な兜をかぶった男がいました。その男の首を取ろうとして兜を脱がせたところ、十二、三歳の少年だったのです。彼は可哀そうに思い、逃がしてやろうとしました。なぜなら、自分にも同じくらいの年齢の子供がいて、相手は幼くして大将として出陣せざるをえなかったという気持ちや、背後にいる母親や祖母の気持ちになって、思わず「逃げろ！」と叫んだというわけです。そういう想いや心持ち、相手の立場になりきって思いやる情念というものを、日本人は大切にしました。

この話の続きとして、その少年は、逆にその情を受けて「殺されるなら、あなたに殺されたい」と言って、首を取ってくれとせがむ美しい日本のドラマなのですが、惻隠の情こそが「日本人の美しき心」ということです。武士はそういった感性を育てるために、自然に触れ、女性の弾く琴の音に触れ、自分でも尺八を奏でたと言われています。

■日本人が大切にしてきたもの

日本人はもともと、金銭よりも「徳」や「人情」を重視した国民です。そして、欧米のような個人の自由というよりは、「和」や「秩序」を大切にしてきました。ですから、震災のときも被災地の避難所で、あれだけ多くの人びとが一緒に生活をしていても、「和」と「秩序」が保たれたわけです。

例えば、食事や水が配布されると、きちんと一列に並んで、自分の順番を静かに待ったり、老人や体の弱い人に先を譲ったりする精神を、日本人は当たり前のように持ち合わせています。これが他国になると、われ先にと食料に群がって奪い合うこともあるようです。

欧米ではお金持ちが尊敬されるようなところがあり、ビバリーヒルズに豪邸を建て、高級な車に乗っている大金持ちの人間が尊敬されます。

しかし日本人は、決してお金持ちだとか、いい家に住んでいい車に乗っているからといって尊敬されるとは限りません。お金や地位、名声よりも家族や仲間、地域とのつながりが精神の安定をもたらし、幸福の源であると考えています。

■宣教師が見た明治の日本人

私たちの祖先は物欲にとらわれることを卑しんで、魂の自由を求め、義勇の精神を重んじていました。また、二宮尊徳の精神に学び、自らは勤勉努力・質素倹約を旨とし、余裕があれば貧しい者に譲っていました。

自然を征服するのではなく、自然を愛し、自然と共に生きる道を求めました。こうした祖先の美しい豊かな心の数々について、その時代の日本人に接した宣教師などの外国人は、本国に帰った後に述べています。

いま私たちは、祖先が守り継承し続けてきた様々な日本的精神を継承し、これらを自らの中に復活させていくことが必要です。

明治時代、日本にキリスト教の布教活動に来ていたフランスの宣教師たちが、日本について本国に届けた報告書があります。これは明治十一年に『イストワール・ド・レグリーズ・デュ・ジャポン』として発行されたものです。

その中から、当時の日本人の精神面に触れている部分を紹介しましょう。ここにも日本人のすばらしさが報告されています。

・忍耐と勇気

「日本人の、物に耐え忍ぶことは、実に関心に堪えない。飢渇寒暑に屈せず、勤務に悩まず、その他すべての困苦に耐え忍ぶ素質がある」

「災害にあってもこれを悲しまず、平常の言語動作においても、卑怯者と侮られないように留意し、危難に出合ってもこれを恐れることなく奮然として直進する」

日本人の風俗について、どの宣教師の報告書にも、日本人の勇気の猛なることと堪忍力の強いことが書かれています。

・名誉心と廉恥《れんち》

「日本人の一般の気質として、名誉を重んじ他より卑しめ蔑《さげす》まれるのを最も嫌悪激憤することは、外国人など比べものにならない。ゆえに、ただ一途に自分の職務に励み、どのような小事であってもおろそかにしない」

「日本人は貪欲を嫌悪する。もし貪欲な者がいれば、卑劣・醜態・恥知らずとして軽蔑する。貪欲を忌み嫌うのは名誉を重んずるからである」

・**礼儀**
「商売などで日本人と交流する者は、日本人には粗暴な挙動がなく、実に丁寧親切であることをよく知っている」

「職工や農夫にしても、みな宮中で教育を受けたのではないかと思うほど礼儀正しく、このようなことはヨーロッパでは到底考えられないことである」

・**正義感**
「日本人は盗賊を憎むこと、とくに甚だしいものがある。例えば、ごく少ないものであっても、これを盗んだ者を直ちに切り捨てて異議をさしはさまない。それは、初めにはわずかなものを盗んでも、後には大盗賊になるからである」

「すべて不正を好まず、賭博密売のような不義で富を得ることは、とくに貴族などにおいては絶対になすべきことでないとして最も忌み嫌う。欺偽を戒め不義を決して行わない。その一例をあげるならば、商人の場合、客が金を払いすぎると、その払いすぎの分を直ちに客に返す」

・**尚武・尚美**

「日本人のとくに意を用いて習練するものは武術であり、日本人の風習として、おおむね武を尚《とうと》ぶ。日本の婦人の衣服の美しいことは、他の国にこれに及ぶものがない。日本人の食膳は清潔で美しい」

以上のように、宣教師たちの心に刻まれた日本人観は、勇気と忍耐、名誉と廉恥と礼儀を重んじ、不正・不義を憎み、尚武・尚美といった高尚な精神を共有する国民だということでした。明治の日本人はなんとすばらしいではありませんか。

宣教師といえば、あの有名なザビエルは四百年前に、「日本人はこれまでに発見した国の中で最良の国民であり、異教徒の中でこれほど優れた国民を見ることはできない」と報じています。さらに、ヨーロッパなどと異なって「物質的に貴富ということで人の価値を決めることをしない」ことに驚きを示しています。

■魂を失った日本人

以前、『魂を失ったニッポン』を読んでショックを受けたことがあります。この書の著者アリフィン・ベイは、堕落してしまった日本人を嘆いています。彼は太平洋戦争中に日本に留学し、その後在日インドネシア大使館参事官や新聞記者として、長年にわたり在日した日本通の方でした。

「戦時中の日本人は個人個人がもっとあたたかい人間であったと私は思う。軍隊の統制下にあっても国民は道徳的に生きていくことができ、また戦時下にあっても規則正しく思いやりのある人間を育てることができた事実を、戦争に敗北したからといって、その精神的美徳を根こそぎ捨て去ってよいものであろうか」

彼は、戦後の日本人があまりにも伝統的な美徳を失い、心より物に走ってしまっていることを嘆き、心配していました。このような文を見るにつけ、私は日本の伝統的な精神や日本思想を復興・活性化していかなければならないという気持ちに駆り立てられるのです。

■日本人の美徳は世界に通用するか

私の知人に外資系企業で四十五年間活躍し、外資系企業四社の社長を経験した方がいます。彼と会食したとき、私は「日本的な思想はグローバルに通用するでしょうか」と話題を投げかけました。彼は力強く語りました。

「大いに通用します。私も大和魂を大切にする考えで今日まで歩んできました。とくに謙虚さ、質素さ、実直さ、勤勉さ、和を尊び人を大切にする気持ち。そうした日本人らしさと呼ばれる価値観を大切にしてきました。日本人らしさこそが、グローバル競争を生き抜く鍵です」

さらに彼は語ります。

「外資系企業やグローバルな環境では、自己主張のできる強い者が有利になると思う人が増えているようですが、そうした風潮に飲まれ、日本人は自信を失っているように見えます。その背景には、謙虚さや実直さといった日本人の美徳は海外では通用しない、という誤解があるようです」

「グローバルで通用するのは自己主張であるとして、日本人の持つ美徳を捨ててしまっては取り返しのつかないことになります。むしろグローバル化しているからこそ、日本人の持つ美徳を捨ててはなりません」

「海外の経営者と出会い関わる中で、日本のよさに気付かされます。むしろ、外国人のほうが日本を高く評価しています」

日本人は、日本の美徳にもっと誇りを持ち、世界に向かい、自信を持って進むべきだと私も強く思いました。

■継承したい日本人の美しい心

以前、五十代、六十代の経営者に、「日本の明日を担う若い人や未来に継承したい日本の心とは何か」というテーマで、意見をいただいたことがあります。その中からいくつか絞って紹介します。

◎未来に継承したい日本の心

感謝報恩
　童話「鶴の恩返し」では、お世話になった人びとのために、時には身を犠牲にしてまで恩に報いる心を私たちは学びました。

勤勉精進

小学校にあった二宮金次郎像は、薪を背負って勉強しています。どんなときでも一所懸命、努力・精進することです。

礼儀

誰に対してでも心からの挨拶をかわすのはもちろん、すべてのものに礼をつくし、人間としてのマナーを守ることです。

義理

人と人との間では、お世話になった人、恩のある人に対して忠節を尽し、社会の筋道にしたがって行動することです。

和

聖徳太子は「和をもって尊しとなす」と言いました。人間関係では、お互いの立場を尊重し、和やかに過ごすことです。

慈しみ

すべてのもの（人、動物、植物、自然）に慈しむ心を持ち、優しい愛をもって大切にいたわり接していくことです。

神仏を敬う

神仏は目に見えない存在ですが、私たちを常に見守ってくださっていることを大切にし、身を慎んで行動することです。

譲り合い助け合う

人間は一人では生きられません。お互いわがままを押し通さず、相手の立場や気持ちを尊重し、譲り合い助け合いながら生きることです。

先人を敬う

先人たちが残した立派な生き方を敬い、そこから学び取っていこうとする姿勢です。

祖先を大切にする　自分が今ここに存在するのは祖先あってのもの。祖先を敬い、霊位を大切に厳かに扱うことです。

身を修める　自分の心と行動が正しく行われていないのに、他人や社会をとやかく言えません。まずは自己の身を修めることです。

自然への畏れ　自然は人間の力で動かすことはできません。大自然の不思議な力を畏れ、身を正して自然に向かう姿勢です。

謙虚　自分の身を低く置き、常に謙虚に、謙遜・謙譲しながらつつましく生き、我を強く出さないことです。

奉公　自己を犠牲にして公のため人のために尽くすことです。自分よりまずは他人のことを考え、尽くすことです。

徳積み　人間にとって最も大切なものは徳です。人世のために尽くす。時には身を犠牲にしても陰徳を積むといずれ返ってくるものです。

■神道の教え——清明正直・麗・誠

日本の心、日本思想の継承が大切であるといわれますが、私たちの先祖・先哲・先達たちは、どのようなことを学び、自己の精神的なバックボーンとして築きあげてきたのでしょう。

「和魂洋才」「士魂商才」といわれますが、その「和魂」「士魂」とは具体的にどのように形成されてきたのでしょう。武士道の精神の背後にはどんな考え方があったのでしょう。

ここでは、その背後にある「神道」「儒教」「仏教」の教えや聖徳太子の「和の精神」のポイントを紹介しておきます。

神道では「清・明・正・直」を大切にしてきました。心は清く、明るく、正しく、直く、です。これは日本古来より継承されてきているもので、この四文字は、神社の待合室の額に飾られたり、神主さんが結婚式などでお祝いの色紙に書いたりして使われています。

これらと一緒に大切にされてきたものが、「麗しき心」です。この清く、明るく、正しく、直く、麗しい心を逆にいうと、「汚い心ではない」ということです。

日本人は古くからこの精神を大事にしてきました。

百年以上の歴史があり、今でも大人気で踊りを続けている宝塚劇場の女性たちの行動指針は「清く、正しく、美しく」です。これは神道の流れをくみ、彼女たちの活動のコア精神となっています。

また神道では、「真心」や「誠の心」を重要視します。「至誠」という文字は戦前までは好んで使われてきたようです。

『日本書紀』『続日本紀《しょくにほんぎ》』にも「清く、明るく、麗しく」が多く出てきます。ここでは「悪」にあたる観念は「汚い」で表現され、「悪、黒、濁、蛇」などの文字をあてて「汚い」としています。要するに古来、清明心が大事であるとさかんに述べられているのです。

このように、日本人が歴史の中で大切にしてきた共通の価値観である「清く、正しく、美しく」は「真・善・美」とともに、現代においても日本のみならず世界に共通するものです。

■儒教の教え――五倫・五常

儒教の教えは「五倫」と「五常」で、戦前までは日本人の常識とされていました。

五倫は、父子の間は「親」、君臣の間は「義」、夫婦の間は「別」、長幼の間は「序」、朋友の間は「信」を大切にしなさいというものです。

五常は、「仁・義・礼・智・信」の五つの徳で、説く内容は次のとおりです。

「仁」は、慈悲や愛を表し、人に喜びを与えて、共に幸せになることです。

「義」は、卑怯な真似はしないということです。

「礼」は、礼を尽くすという意味ですので、形の上での礼儀作法としてとらえられている場合もありますが、その背後に「思いやりの心」があり、その心を形に表した礼儀作法を実践しなさいということです。なお、礼を実践する場面では、「謙」をそえて行動します。謙とは謙虚・謙譲・謙遜です。相手に対して譲り、謙遜し、謙虚にふるまうというのが礼にかなった行動です。

「智」は、智恵を出すことです。知識はあくまで智恵を出す手段であり、知識に多く接しながら智恵を出す習慣を身につけなさいということです。

「信」は、信じる行為そのものが信頼を呼ぶと言われており、まわりの人のことを信じ、また天（神さま、仏さま、ご先祖さま）を信じ、天に身を委ね、また信じる人に身を委ねて生きることが大切なのです。

■仏教の教え――慈悲・利他・廻向

仏教は、「慈悲」がベースです。「抜苦与楽」、つまり相手の苦しみを抜いて楽（幸せ）を与えることが日々の活動の行動基準となっています。私たちは、どのような場面でも人びとの苦しみを抜いて、楽を与える行動をすること、部下や得意先の悩みや問題を解決してあげることが仏さまの教えです。

また、仏教でよく使われる言葉に「利他」があります。自分の利（幸せ）を少し横に置いてまずは他人の利益を考えようという教えです。

比叡山・延暦寺を創設した伝教大師最澄は、「悪事を己に向かえ、好事を他に与え、己を忘れて他を利するは慈悲の極みなり」と語っています。親鸞は「自利利他円満」、つまり自らも利益し、他の衆生《しゅじょう》も利益するという自利利他の徳が真に備わっていることが重要であると言っています。

道元禅師は「利行は一法なり、あまねく自他を利するなり」と著し、利他と自利を分けて考えるのは誤りであると言っています。そういう意味で利他と自利は、昔から仏教思想の中では多く引用されていて、日本の経営者は大いに影響を受けてきた教えです。

それと同時に、「廻向《えこう》（回向）」や「布施」という思想も広くいきわたりました。「廻向」とは「廻らす」という意味であり、自分が得た利は自分で抱え込んでしまわないで、まわりに廻らせなさいということです。

例えば、リンゴをいただいたとするならば、一人だけでこっそりと食べたりせずに、みんなに分け与えなさい。そうすることによって、自分にも恵みが回ってきますという教えです。

布施も見返りを期待しない施しをすすめています。モノ、金だけでなく情報やノウハウなども含めてすべてのものを自分で独り占めにせず、まわりの人たちに廻らせ施しなさいとする思想です。

■和の思想――争わず仲良く

「和」は、日本人が大好きな「キーワード」です。これは聖徳太子の十七条の憲法がもととなっており、私たちは和の考え方をＤＮＡの中に長い間育んできました。

次に十七条の憲法の現代語訳を紹介します。

「お互いの心が和らいで協力することが尊いのであって、むやみに反抗することのないようにしなさい。それが根本的な態度なのです。人びとが、上も下も、睦まじく話し合いができるのであれば、事柄がおのずと道理にかない、何事も成し遂げられないものはありません」

これが、十七条の憲法のコアになっている部分です。日本人は今でもまわりの人びとと争わず、みんなと仲良くやっていくことを大切にしています。

■武士道の教え——義・勇・仁・礼・誠・名誉・忠義

武士道で大切にされてきたものは、「義・勇・仁・礼・誠・名誉・忠義」の七項目です。

「義」は、武士道の中心にあり、義を貫くことが光り輝く支柱となっています。

「勇」は、「義を見てせざるは勇無きなり」というように、勇気をもって忍耐強く進むことで、勇を貫くためには、肚を鍛えて錬磨しないといざというときに行動を起こせないとされました。

「仁」は、慈悲の心であり、人の上に立つ者の基本とされ、王者の徳とも言われています。

「礼」は、「義」や「仁」を形で表すという考え方で、礼の精神を持ったときには思いやりの心を背景に持っていなくてはなりません。相手と共に喜び、相手と共に泣くことができるということも礼の行為です。

「誠」は、文字通り「言ったことを成す」という意味で、「武士に二言はない」と言われました。至誠が武士にとって大事だったわけです。

「名誉」は、時には命よりも大切にしていた価値で、武士は己や家門の名誉のために、時には腹を切ることさえありました。苦痛や試練に耐えるために名誉の旗印を掲げ、それを背負ってがんばって生きていたのが武士なのです。

「忠義」は、目上の者や殿様に忠義を尽くすことです。武士は忠義のために生き、個人の利害よりは、国（例えば信濃の国）や地域を大切に思っていました。ですから個人の利を捨てても、国のため、公のために命を張ってがんばって尽くしたものです。

第三章
商人道の心を継承する

■「義」と「利」をどう考えるか

前章で述べた日本思想を、日常生活の中にどのように取り込んでいくかというのが、私たちの人生の課題です。とくに「義」と「利」については、武士も商人も悩みながら心の修練をしてきました。いつの時代も「道義」と「功利」をどう考え、どう取り組むのかは迷い苦しんだテーマのようです。

内村鑑三は、「東洋の学問の美しい特徴の一つは、道徳から離れて経済を取り扱わなかったことです。富は、東洋の哲学者にとっては必ず徳の結集です」と言っています。富は徳の結果なのです。

さらに、「富と徳との二つは、果が木に対して有《も》つのと同じ関係を、相互に対して有っているのである」と言った上で、「肥料を施す。その結果、必ず果を得る。諸君が『民に愛を施す』、そうすれば富は必ず来らざるを得ないであろう。『それゆえに大人は樹を想いて実を得、小人は実を思いて実を得ず』である」と述べています。

安岡正篤は、「正誼明道」（誼を正して道を明らかにする）、つまり「君子（立派な人間）は其の誼（義）を正して其の利を謀《はか》らず。その道を明らかにして其の功を謀らず」「道義を中心・建前にすれば功利は自らその中に入る、功利を中心・建前にすれば道義が逃げていってしまう。利は義から出る」と言っています。

このように東洋思想では、利より義を重んじています。

以下に儒教の古典である『論語』『大学』『孟子』の中から大切な言葉を抜粋して整理しておきます。

①『論語』

孔子が『論語』の中で「義」と「利」について語っている言葉を紹介します。

・利に放《よ》りて行えば、怨み多し

利益本位で物事を行っていくと、人の恨みを買うことが多い。

・君子は義に喩《さと》り、小人は利に喩る

君子は様々なことを実行するにあたって、そのことが義すなわち正しい道筋にかなっているかどうかを敏感に悟るが、小人はそのことが利益になるかならないかということを敏感に悟りとる。

・不義にして富み且つ貴きは、我に於いて浮かべる雲の如し不義を行っている富貴などは、自分にとっては、集まっては散り、離合集散《りごうしゅうさん》を繰り返す浮き雲を見るようなものであり、なんら心をわずらわすことがない。

・利を見ては義を思う

人は利に迷いがちである。利に当面した場合には踏みとどまって、その利が義にかなったものであるかどうかをよく考えてみることだ。

・得《う》ることを見ては義を思う

利得を目前に見て、それを得ることが正しい道筋にかなっているかどうかに思いをいたすことが大切だ。

以上どの言葉も、古くからのリーダーたちが決断したり行動するときの戒めとして伝えられてきた精神であり、私たちはこれを身につけ、さらに次代に継承していかねばなりません。

② **『大学』**

二宮尊徳が薪を背負いながら読んでいるのは『大学』という本です。そこには、利財の道が述べられています。

・道徳を先とし内とし、財利を後とする。

『大学』では、先に道徳であり、財・利は後ですよといっています。

・徳は本なり。財は末なり。本を外にして末を内にすれば、民を争わしめて奪うことを施す。

これは、徳が本で、財は末である。もし末であるところの財に目が眩《くら》んで、財を集めることばかりしていたら、下の人たちは上の人たちのするところを見習って、互いに相争い相奪って厭《あ》くことを知らぬようになりますよと言っているのです。

・財を生ずるに大道あり。利を以て利と為さずして、義を以て利と為す。

真の利は、義にかなない道に沿った行動をしているところにあると述べ、もし利をもって本とし、財をもって先とすれば、必ず災害、百弊《ひゃくへい》が生じてくると訴えています。

③『孟子』

ここでは孟子の教えを紹介しましょう。

・苟《いやしく》も義を後にして利を先にするを為さば、奪わずんばあかず

孟子が梁《りょう》の帝王にお目にかかったとき、王から「先生は千里もある道をはるばる来てくださったのですから、わが国に利益を与えてくださるお考えでしょうな」と言われたのに

対して「王さまは利益云々を口にする必要はありません。今、私の献策するものは、いかにして仁義を実行するかということだけです」と答えて、仁義の重要性を強調しています。

そして国を治め天下を平らかにするためには、利を後にし、義を先にしなければならないと語り、その理由として、「仁義にもとづかないで利益だけを目的として万事を行ったなら、そのうち他人のものを奪い取らなければ満足しないようになってしまい、とんでもないことになりますよ」と教えたのです。要するに、すべてにおいて東洋思想では「先義《せんぎ》後利《こうり》」が大切ですと繰り返し述べているのです。

■商家の家訓に商いの原点がある

東洋思想の教えは、江戸時代の商人道にも流れ込んでいきます。昔から商人たちは、「義」と「利」について、心の中では葛藤しながら商売していたわけです。そうした迷う心に家訓として義の大切さをはっきりと指し示しているのが江戸商家の教えの中にあります。

キッコーマンは、家訓の中でズバリ「徳義は本なり、財は末なり、本末を忘るる勿《なか》れ」とし、道徳上の義務を遂行するのが我々の本分であって、財産は末節の些事《さじ》にすぎない。

この本末の関係を忘れてはならないとしています。これを根本として「損せざるを以って大なる儲けをと知る可し」、つまり損をしない程度の商いでいることが、実は大きな利益となっていることを理解しなさいと教えています。

また、「私費を省きて之を公共事業に捐出せよ」としてプライベートな支出を抑え、浮いた分は社会に役立つ事業に使いなさいと示しています。

大丸の創業者下村彦右衛門は、「義を先にして利を後にする者は栄える」「正義を優先し利益を後回しにする者は栄える」と繰り返し述べて「先義後利」を訴えました。これは現代でも大丸の社是となっています。

松坂屋五代目伊藤次郎左衛門は「人の利するところにおいて我も利する」、つまり相手に利を与えさせてこそ、自分も利益を得られると教えています。

高島屋の飯田家の綱領には、「商品の良否は、明らかに之を顧客に告げ、一点の虚偽あるべからず」とあります。商品のどこがよくて、どこがそうでないのか、お客様にははっきりと説明しなさい。一つも偽りがあってはならない、と義を明確に打ち出し戒めています。

各社とも立派な日本の商人道ではないでしょうか。これであればこそ、江戸時代から平成の今日まで永続して繁栄している老舗らしい教えです。

住友は家訓で、「財を私せず積で能く散ずるの徳を履め」、つまり財産を自分のために使わず、ためておいて善いことに使って徳を積めと教えています。「廉恥を重んじ、貪汚《どんお》の所為あるべからず」という教えもあります。恥になるようなことは絶対にするな、心貧しい行為をしてはならないとしています。

三菱の創業者である岩崎家の家憲「国家的観念を以て総ての事業に当れ」は、国家的な視野に立ってすべての商売をしなさいと教えています。「一社の儲けばかり考えてはいけませんよ、常に国のこと、社会の発展のことを考え商売しなさい」というわけです。さすがに戦前、戦中、戦後と活躍し続けている三菱グループの基本の教えです。

■近江商人の「三方よし」の教え

日本の商人道に大きく影響を与えた商人に、近江《おうみ》商人がいます。

「三方よし（売り手よし、買い手よし、世間よし）」は有名な話ですが、これは五個荘《ごかしょう》商人・二代目の中村治兵衛の家訓です。

治兵衛が孫の四代目の宗次郎にあてた「書置」の第八条に、商売の心構えとして残っています「他国へ行商スルモ総テ我事ノミト思ハズ、其国一切ノ人ヲ大切ニシテ、私利ヲ貪《むさぼ》ルコト勿レ、神仏ノコトハ常ニ忘レザル様ニ致スベシ」と書かれているものが、売り手よし、買い手よし、世間よしの原点であると言われています。

八幡《はちまん》商人・西川利右衛門の家訓では「富を良しとし其の徳を施せ」とされています。つまり商売が繁盛して財産を得れば、その財産に見合った「徳」すなわち社会貢献を施すことの重要性を語っています。商売の拡大に見合った大きな徳を持った人間にならなければならないことを説いています。

湖東商人・初代の伊藤忠兵衛の座右の銘には「利は勤むるに於いて真なり」とあります。この伊藤忠の商人道は、権力と結びついたり、独占したり、品不足に便乗して値段を吊り上げる商法は決して長くは続かず、世の中に認められないことだと強く戒めています。

五個荘商人・松居遊見の座右の銘は「奢《おご》れる者必ず久しからず」です。豪商で知られた松居遊見は、身分は百姓であって商売は農閑期の余業であったと言われています。松居の生活は極めて質素で、粗食で粗末な家に住み、陰徳を積むことを喜びとしたというからとても立派です。

遊見は「人は三度の食事と雨風寒暑を凌ぐのに不自由がなければ事は足りる」ということを信条として、質素・倹約・勤勉・堅実を人の先頭に立って行い、模範を示して社会奉仕に尽力した、まさに商人の手本のような人でした。

五個荘商人・小杉五郎右衛門は「堪忍《かんにん》」を教え残しました。堪忍とは「苦しいことを我慢して耐え忍ぶ」「怒りを堪えて他人の過ちを許す」ことです。

天保八（一八三七）年に、小杉五郎右衛門が行商の中心地であった金沢藩で棄捐令《きえんれい》（賃借を破棄される法令）を発令されてしまいます。売掛金を回収できずに大損して、落胆していたときに松居遊見が訪れ、苦境こそチャンスとして「堪忍」の心を教え説いたとされています。

■運と「陰徳善事」の教え

「人には運というものがあるので、国の長者《ちょうじゃ》と呼ばれるようになるには一代だけではできず、二代、三代と続けて善人が生まれることが必要である。そのようになりたいのであれば、陰徳を積み、善事を行いながら、神仏に祈るしかない」

近江商人たちの間では、こう言われていました。

たしかに一国を代表する金持ちになるには、二代、三代と続けて善人が誕生しなければ不可能です。何代も続けて善人が誕生するかどうかは「運」次第とされていました。その上で「運」をただじっと待つのではなく、社会に対して人知れぬ善事を行うことで、人知を超えた神仏の判断に頼るほかないと教えています。「運を得るには徳を積め」ということです。

近江商人の商人道の基本は「三方よし」と「商売十訓」にすべてまとめられます。これは近江国の人びとが他の国で行商を行い、他国に出店するために、出店先の地域で信用を築くことが何より大切なことであったからです。

また、彼らが人気があり敬愛されたのは、自分の利益よりも人のため、地域のため、社会のために徹底して貢献する精神を持っていて、「陰徳善事」を信条としたことが、多くの人びとに受け入れられたとされています。まさに、今こそ日本のビジネスマンは日本の商人道の原点に学ぶべきだと思います。

最後に、現在まで受け継がれる近江商人の十訓を紹介しておきます。

◎近江商人の商売十訓

一、商売は世のため、人のための奉仕にして、利益はその当然の報酬なり。
二、店の大小よりも場所の良否、場所の良否よりも品の如何。
三、売る前のお世辞より売った後の奉仕、これこそ永遠の客をつくる。
四、資金の少なきを憂うなかれ、信用の足らざるを憂うべし。
五、無理に売るな、客の好むものも売るな、客のためになるものを売れ。

六、良きものを売るのは善なり、良きものを広告して多く売ることはさらに善なり。
七、紙一枚でも景品はお客様を喜ばせる、あげるものがないときは笑顔を景品にせよ。
八、正札を守れ、値引きはかえって気持ちを悪くするくらいが落ちだ。
九、今日の損益を常に考えよ、今日の損益を明らかにしないでは寝に就かぬ習慣にせよ。
十、商売には好況、不況はない。いずれにしても儲けねばならぬ。

■船場の商人道に学ぶ

日本の商人道、経営道に影響を与えたものに、「なにわ商法」「船場商人の哲学」があります。以下にその一部を紹介します。

最後の船場商人と言われた和田哲の和田哲翁の遺訓の中に、「損して徳取れ」というものがあります。そして大阪学の代表は「始末、才覚、算用」です。

船場商法では、暖簾《のれん》を最重視しています。これは企業の永続性第一主義の考え方です。つまり売上、利益、人員のスケールよりも、何年続いている店なのかが評価されました。

私が京都青年会議所で講演をしたとき、参加者と名刺交換すると、そこには創業百二十年、二百年、なかには三百六十年と書かれてあります。彼らにとって創業何年になるかというのが、一つの誉《ほまれ》になっているようです。

船場商人たちには、不況にピントを合わせた商法があります。「扇子商法」「唐傘《からかさ》商法」というのがあります。扇子も傘も、必要なときにはいっぱいに開いて使うが、使わないときは小さく畳んでおく。経営もこれと同じで、好景気はいつまでも続かず、次には必ず不景気がやってくる。不況があれば次には必ず好況もくる。その場ですぐに応じられるように、日常から準備しておくことが必要である、ということです。「屏風《びょうぶ》商法」は、屏風は広げすぎると倒れてしまうので、適度なところで閉めておくのが商売の奥義というわけです。

このように、いざ天災や不況がやってきたようなとき、いつでも縮められるように準備をしておくというのが船場商法の奥義になっています。したがって、彼らはむやみに人を増やさず、借金もせず、無駄もしないということが重視されました。

そして、たとえ自分の会社は一流でなくても、銀行や取引先など商売を行うまわりの環境を一流でかためるという流儀もありました。

関連した事柄では、美意識と趣味も大事にしています。「商いも芸のうち」と言い、「商売人は芸を磨き、芸を楽しむことが重要なのだ」とも盛んに語られました。そして商いの街の旦那衆としての立ち居振る舞いや、趣味にも美意識を持っていたと言われています。

厳しい商売のやりとりの中でも、決して品性や品位を失わずに商売を続けてきたのが船場の商人たちです。

■人柄と陰徳が暖簾を守る

「損して徳取れ」という言葉が、船場の「商人道」の教えの中にありました。つまり「目先の利よりも後々のことが大切なのだから、世のため人のため、とくにお客様や地域のためによいことをしなさい、徳を積んでおきなさい」という考えを重視していました。要するに世のため人のために徳を積むということです。従って、船場の商人たちは神社やお寺や学校などへの寄付も競って行っていました。

彼らは、神仏などの目に見えないものに対して、因果応報の畏れをもって、商売をしていました。「悪いことをしたら、因果の法則で必ず結果に出ますよ」と伝えられ、「徳を積んでおくと、いずれいいことがやってきますよ、運が開けますよ」という教えが説かれていたのです。

また、「人が少ない所でこそ才覚は育つ」とし少数にして精鋭を育ててきたのです。

さらに、「人柄で商売せよ」ということを重視していて、「あの人の言うことなら……と無条件で納得されるような自分の魅力をつくりなさい。人格・人間性が利を永続させ暖簾の質を高めますよ」という教えも徹底されていました。

暖簾を引き継ぐ後継者の育成には、とくに執念をもって全力全霊を捧げました。どこの店でも、後継者に商道を語り継いでおり、そうして語り継いだ商道にもとづく実践の修羅場をくぐらせ続けていたのが、船場の商人たちの共通した価値観であったわけです。

ほかにも「積善の家には必ず余慶《よけい》あり」「始末とはものを生かして使うことである」「利は元にあり」「利は努力の結果である」など、幼いころから「商人道」の精神をたくさん叩き込まれて育ちました。

日本では〝ビジネスマン〟という言葉が流行りだしたころから、「商売人」という言葉が影をひそめてしまいました。このような日本独自の商人道の精神を、日本的経営として未来に継承していくことが大切なことだと思います。

第四章

幸せ創造企業への道

■利益は社会に貢献した証である

「人を幸せにする人が幸せになる」と語り続けていたのはオムロン（旧立石電機製作所）の創業者立石一真です。立石は「幸せは直接つかめない、人を幸せにする反応として自分が幸せに感ずる」、つまり「相手の喜ぶ姿を見て、自分も幸せになるものだ」と語ります。

ですから、自分の仕事（事業）を通じて、人びとが幸せになっていると感じ、そうしたお客様の幸せあふれる姿を見、また喜びの声を耳にしている経営者は、たとえ仕事が辛くても幸せになれるのです。

パナソニック（旧松下電器産業）の創業者であり経営の神様と言われた松下幸之助は、「利益は社会に貢献した（幸福にした）証である」と述べ、「利益を得たということは、その『利益を使ってさらなる貢献をせよ』という世の声である」と語っています。

また、立石は「社会は自分たちに奉仕してくれる（幸せを与えてくれる）企業こそがありがたい、だからその企業が伸びるための原資として利潤を与えるのだ」と述べています。

そもそも、日本の企業が求めていた究極の目的は「社会への貢献」であり、世のため人のための精神にもとづく「人びとの幸福づくり」にあり、利益を得ることはあくまでも、そのための手段であったはずです。

■いまこそ幸せ創造経営の復活を

日本は失われた二十年と言われている間に、日本的経営の心さえも失ってしまい、欧米型のマネタリー経済（お金の獲得が目的の経済）が入り込み、お金を中心に「出来高払いの実力主義」であるとか、「金を投資してくれている株主第一主義」として、企業の売上高や利益を追う経営が日本企業の中に拝金主義の風潮を撒き散らしてしまったのは残念なことです。

であればこそ、いまこそ「人を幸せにする」という日本的経営の本来の姿を復活させ、日本流の「企業美学」をもう一度追求していく必要があります。

かつて日本企業の多くは、力を合わせて「日本経済を力強く牽引し、日本国家の発展と人びとの幸せのために役立つ」という使命感に燃えて活動していました。全社員が心をひとつにしてがんばって成長を果たし、世界の人びとを「ジャパン・アズ・ナンバーワン」とまで言わしめたのです。

当時は松下幸之助、土光敏夫など、企業家魂を強烈に持った企業家が財界をリードしており、世のため人のためという「利他の経営」がまだまだ主流にありました。

戦前の日本思想の教育を受けた先哲の方々は、先にも紹介した「忘己利他《もうこりた》」（己を忘れて他を利する）などの仏教精神や、「仁・義・礼・智・信」といった儒教の精神、「智・仁・勇」や「忠・誠・誉」といった武士道精神が、経営のバックボーンに生きていました。

いま「成熟時代の資本主義」という言葉が飛び交う中で、「成熟社会の成熟した企業」をめざすためには、経営者や社員の「心や精神の成熟」が最も大切であると言われています。

成熟した企業は、物・金より心・精神にシフトして、お客様、仕入れ先、地域、社会との信頼関係を大切にし、人びとに共感を提供しようとしています。そして、経営者の想いや価値の置き方、企業理念と、それらが組織メンバーの行動として現れた社風・風土といった企業文化、すなわち「目に見えない資産」を大切にして経営しています。

■仕事の報酬は幸せになる仕事

いままで多くの企業では、売上成績のよい社員には、その報酬として給与、ボーナス、役職、地位などを与えました。また、もっとがんばらせるための動機づけの手法として、お金や地位を鼻先にちらつかせる働きかけもしました。がんばればボーナスが増えるとか、ここでやり切ったら課長にするからといったようにです。社員のほうも、お金や地位を得るのが幸福の証のように錯覚して、それを追い求めていました。

これが満たされないと、次から次へと転職を繰り返してしまいます。日本の企業は以前の時代に比べ、定着率が悪いのが実情です。上司としても、いつ転職してしまうかわからないような部下を目の前にして、心を込めた人材教育は影をひそめてしまいました。

ひと昔前、経営リーダーは「仕事の報酬は仕事だ」と語っていたのを思い出します。仕事の報酬は「やりがいある仕事」「自分をもっと伸ばしてくれる仕事」「面白い仕事」「責任ある仕事」でした。

「仕事のやりがい、働きがい」「仕事を通じての人間的成長」「仕事を通じてよき人びとや仲間と巡り会える喜び」といったものが幸福であることの基準だったのです。それが今は、そうした日本的な仕事観・職場観からズレた企業社会になってしまっているようです。

私は若いころ、上司やお客様から「ありがとう。よかった。君のおかげだ。これからも期待しているよ」という言葉をもらうのが嬉しくてがんばったものです。お客様が喜んでくれるから、仲間や上司が喜んでくれるからがんばるという社員が、近ごろ少なくなってしまったのが残念です。

私たち日本人は、世の中の人を喜ばせる（幸福にする）光を届けるために働き、世の中の役に立ちたいという考えを持って働いていました。そうした「人を幸せにしたい」という日本人のＤＮＡに、もう一度火をつけたいものです。

■本業を通じて社会に貢献する

「施設に何百万円寄付した」とか「東北にボランティア活動に行ってきた」と語る社長や社員に、ときたま出会います。たしかに、そうして社会貢献している姿には頭が下がります。しかし、日本の企業はそもそも本業を通じて社会に貢献し、人びとを幸せにするのが本義であったはずです。

欧米のビジネスマンが新商品、新技術を開発して、「ひと儲けしてやろう！」と考えていたとき、日本の企業家やビジネスマンは「これを開発したらきっと家庭が幸せになるだろう」「こんなものをつくったら世の中が便利になって、みんな驚き喜んでくれるだろう」という想いを高めていろいろな開発をしていたものです。

私たち日本企業は、いまこそ「本業を通じて社会貢献する、人びとを幸せにする」といった思想を徹底していきたいものです。

そうした本業で、その他を抜きん出て、人びとの幸せづくりのトップに立つためには、常に自己の技術、商品・サービスを磨き続けなくてはなりません。経営者は人を幸せに導く志を持った企業家として、その道を求め究めなくてはなりません。

日本の先哲経営者は「求道これ道なり」という言葉を残しています。つまり、道を求め究め続ける姿勢こそが道であるとされました。日本人は昔から、仕事を通じて己を磨くことを大切にしてきました。

人は己が磨かれ、成長していくことに喜びを感じ、それこそが企業内での「幸福創造」であるということも実感として味わっていました。だから、「若いうちの苦労は買ってでもせよ」「よい苦労をしよう」という言葉が今でも残っているのです。

人びとから敬愛され、ファン、信者の多い企業には美しく気高い想いがあり、高い志を掲げ、目標も高く掲げて、幸せ創造の実践を続けてきています。

理想や目標を高く掲げれば、苦労・困難・逆境は当たり前であるという姿勢や社風がその企業にはあります。「企業は道場である」「艱難こそが不断の人間成長を促す」という言葉を好む企業家や幹部が多くいて、社員に向かって志の旗をふっているのです。

幸せ創造企業の企業家や幹部のみなさんは、「この仕事に就いてよかった」「この職場を選んでよかった」と思い、仲間を同志と思って仕事をして、ともに志を成し遂げることに喜びを感じています。同じ想いに向かい、響き合う同音同響の同志であることで、チームワークも保たれています。

昔から日本的経営においては、職場や仕事は「よき巡り会いの場」と考えられていました。仕事を通じて様々なお客様や取引先と出会うことに喜びを見出していたのです。もちろんお客様に怒られることも日常茶飯事です。

当時の企業戦士たちは、仕事や職場を最高の「修行の場」と考えていました。叱ってくれるお客様や上司を、自己を磨いてくれる砥石だと言い、そう受け止める文化を持っていました。こんな話をすると、今の時代はパワハラなどと訴えられそうで、部下の育成もうっかりできないという人もいます。

でも、上司の私利私欲や個人的な感情でなく、真に愛を持った上での強い指導であれば、相手は必ず受け止めてくれるはずです。厳しい仕事場こそがお互いを人間的に高め合う場であるという考え方を、職場に取り戻していくべきです。仕事は厳しく辛くとも、心は愉快で幸せであり、職場も活力にみなぎっている職場は、日本にはまだまだたくさん存在しています。

■美徳経営が幸せ創造企業をつくる

日本企業の多くは、かつて「〇〇を通じて社会に貢献する」といった社是や経営理念を掲げ、「世のため人のため」という志を強く持って経営にあたっていました。本書で言う「幸せ創造企業」は、いわば「美徳の経営」を続けている企業です。

日本人の好きな根本精神は「真・善・美」であり、「清く、明るく、正しく」です。経営リーダーたちは、日本人が好むそうした根本精神を企業活動の核に据え、きちんと活かしています。世の中の人びとがいいと思う企業の姿をめざして経営しているのです。

障がい者が社員の半数というスワンベーカリーの設立に力を入れたクロネコヤマトの有富慶二元会長は、「企業の価値は『社徳的企業価値』と『財務的企業価値』の両方から成る」と語り、社徳の重要性を訴えています（山城経営研究所四十周年記念講演会にて）。

昔から言われている「徳義尊重主義」を今でも貫いているのは資生堂です。前田新造会長は、「魅力ある人で組織を埋めつくす」ことの大切さを主張しました。

いまや企業の競争は「売上をめぐる競争」から「お客様に幸福を与える競争」に入ってきています。人は誰でも、うれしい幸福なシーンを持ってきてくれる人や、ときめき感銘するような商品・サービスを持ってきてくれるビジネスマンが大好きなはずです。

日本は近江商人の江戸時代から、「売り手よし、買い手よし、世間よし」と商人道を叩き込まれてきましたが、近年それにプラスして「世界よし、地球よし」の時代とも言われています。利他の「利」を幸せとしてとらえて、「他の幸せのために」日々邁進したいものです。

また買い手よし、世間よしの「よし」を相手の「幸せ」ととらえれば、日本的経営の原点には「幸せ創造企業」のＤＮＡがいっぱい詰まっていることになります。

江戸や昭和と違う平成の時代ですが、いま目の前にいるお客様、社員たち、そして世間さま（社会）は、何に対して何をすることが真の幸せなのかを日々考え、それを創出していくことが幸せ創造企業の歩むべき道なのです。

■人に喜びを与え一緒に幸せになる

ここでは、「幸せ創造企業」のお手本ともいうべき企業づくりをした先達経営者たちが、どんな考えを持ち、社員たちをどのように導いていたかを紹介します。

「日本人の美しい心」「人情の美のおもてなし」「人を幸せにする人が幸せになる」といっ

た、慈悲の心をそのまま実践したような立派な企業家たちが、社員、お客様、地域社会の幸せのために活動したあり方を学ぶことができます。

私たちは、今こそこのような「幸せ創造」を基軸にした日本的経営思想を継承し、広く啓発していきたいものです。

「これからの世は、人に喜びを与え、一緒に幸福になることで生きていければそれが一番いい。それはできると思う。だからそれをやろう。一緒にそれをやろう」

これは東京コカ・コーラボトリング創業者髙梨仁三郎が、全営業所の壁に掲げていた髙梨の自筆の文章です。日本にサイダーやラムネしかない戦後、米軍がおいしそうに飲んでいるコカ・コーラを、アメリカの本社まで出かけて交渉の末、日本に最初に持ち込んで普及させた人物です。

髙梨仁三郎の先祖はキッコーマンを創業した髙梨・茂木・中野一族です。私も前社長の髙梨圭二氏（仁三郎のご子息）との関係が深いこともあり、数年の間東京コカ・コーラの社風改革のコンサルタントとして関わらせていただきました。その中で気づいたことは、仁三郎の影響を直接受けた社員は、なぜか人懐っこく、やたらと親切で、人間関係や絆を大切にするということです。

私がコンサルで訪問したある日、K部長から「先生、いい女性いない？」と言われました。取引先の酒問屋の嫁さがしの話です。酒問屋の二世がまだ独身で、なんとかしたいというオーナーの悩みを解消して幸せに導こうというわけです。

しばらくしたある日、再びK部長が私のところにやってきます。今度は「先生、この娘美人でしょ」と写真を見せびらかして語るのです。そして、「先生の顔で、いい会社に入社させてやってください」と、今度は取引先スーパーのお嬢様の就職先紹介の依頼です。

このように、彼らには取引先のためなら、たとえ商売以外のことであっても心身をくだいて喜んでもらおうとしていました。髙梨の教えは「人の喜ぶ顔を見て自分も喜びを感ずる。それが自己の幸福獲得の真髄である」なのです。

その昔、コカ・コーラの社員たちは、酒屋さんの店先にある重い酒の瓶を倉庫に片づけてあげていました。老店主が腰が痛いと言っているからです。また、嫁にきたばかりの若奥さんからは、「コーラ屋さん、私サラリーマンの娘なんで、商売のこと少しもわからないの。どうやってお店の飾りつけをしたらいいのかしら」と、商売の経験のまったくない若いお嫁さんに売上向上の指導・支援をしていたのも、髙梨の薫陶を受けた社員たちです。

おばあちゃんとお嫁さんはコカ・コーラの赤い車が過ぎ去るのを後ろから両手を合わせて合掌し、深々と頭を下げて感謝していたと言います。まさに仁三郎の精神が身についていた時代の美しいドラマです。

■人を幸せにする人が幸せになる

オムロンの創業者立石一真は語りました。

「最もよく人を幸せにする人が、最も幸せになる」

私もオムロンには、コンサルタントとして滋賀県の草津工場へ通いました。工場の入口に、この文が石に刻まれてそそり立っていたのが心に残っています。

当時、草津工場の人たちは、全員で桜の苗木を近くの川辺に植え、いまでは二百本以上の大木桜となって河原に咲きほこっています。

創業記念日には、全社員が近くの公園の清掃や道路の補修など、会社ぐるみでボランティア活動を行い、地域の人びとの幸せのために尽くしていました。

このような社員一人ひとりが奉仕活動をする社風の背後には、創業者が残した企業経営や社会にかかわるときの心があります。

立石一真は社員や幹部に、日頃から事あるごとに次のようなことを語り続けました。

「幸せは直接はつかめない。人を幸せにすることの反応として、自分が幸せを感ずるものである。周囲がすべて幸せになっていけば、自分もいつのまにか幸せになっている。これを商売でいうと、奉仕優先、消費者優先となる」

「自分だけが幸せになりたいと思い、人を押しのけてでも自分の利益を追う自己優先の考え方は間違いである。社会・得意先・消費者優先である。これなくして企業の繁栄はないし、企業の繁栄なくしてお互いの幸せもあり得ない」


人を幸せにする人が幸せになることを強調した立石一真は、

「企業は利潤追求だけでなく、社会に奉仕するために存在するのである。社会の立場から企業を見れば、自分たちに奉仕してくれる企業こそありがたいので、その企業を伸ばしてくれる。その原資として、企業に利潤を与えるのである」

と、奉仕と利潤の関係を説明しています。


利潤というものは、社会から見ると自分たちに奉仕してくれる企業を、存続させ伸ばしていくための経費である。したがって、企業にとっては利潤追求が目的ではなく、社会に奉仕するための経費をまかなう手段であるということです。そして、こうも語っています。

「企業が社会に奉仕するなら、社会はその自動安定装置により、その企業を末永く存続させるに違いない」


まさに、最も社会に奉仕する企業が、最も利潤をあげるというわけです。

■世の中に喜びの種を蒔く

ダスキンを中心に、リネンサービス、ミスタードーナツなどのフランチャイズチェーンで飛躍的な伸びをみせたダスキン創業者の鈴木清一の考え方は、次の言葉に代表されます。「人をかき分けて進んで、自分だけいい目をみればよいと考えている人が多いが、先に行きたいと思っている人には行かせればよい。いちばん後でも、全員が回れ右すれば、そのときはトップに立つことになる。私は世の中に喜びの種を蒔いていきたい」

ダスキンのセールスの第一線は、ほとんどが女性、それも主婦が主力です。彼女たちをダスキンでは「シーダーさん」と呼びます。シーダーとは種蒔きをする人のことで、喜びの種を蒔こうという理念からつけられたものです。ものを売るというよりも、ダスキンの伝道者であり実践者です。

彼女たちは、疲労が重なっても生活の疲れなど見せず、体中から働く喜びを発散し、多くの人に奉仕する誇りに輝いています。そして、よく手を合わせます。

鈴木清一の姿勢やシーダーたちの態度から、ダスキンの経営そのものを、誰言うとなく「祈りの経営」と言うようになりました。生きることに感謝し、働くことに感謝し、顧客に感謝して合掌する精神が、ダスキンの心なのです。

鈴木の人生哲学の基本は、

「自分に損と得とあれば損の道を行くこと。他人には喜びの種蒔きをすること」

です。損の道を行けというのはわかりにくいので、正しい道を行けとしたらどうかという問いに対しては、

「何が正しいか正しくないか、人間にわかるものでしょうか、それは神様にしかわからない。人は自分がいつでも正しいと主張するから争いが絶えない。そこを多少、分は悪くても、相手に喜んでいただけるなら損の道を行く。これなら神様に相談しなくても、自分でできる解決の道である」

と言うのです。さらに続けます。

「物事を解決するとき、一歩前に出るやり方では解決にならない。一歩引いて解決しようとしたとき、それが完全な解決になる」

ここに成功者の極意があります。自分を二の次にしても、あえて損の道を行き、相手に喜んでもらうことで徳を積む。それが自分の喜びにもなるのです。

■感謝して役に立とうと努力する

鈴木清一の志を引き継いだのは、二代目駒井茂春です。駒井は、こう語ります。

「祈りの心の底には、感謝の心がある。感謝ができると、次に人は反省するようになる。反省ができれば、もっとお役に立とうと努力する気持ちが生まれる。これが祈りの心の基本構造となっています」

彼は、いくらの売上をめざしなさいとか、利益をこれだけ出しなさいなどと尻を叩いたりはしませんでした。

「追求すべきはお役の立ち方であり、喜ばれ方であって、利益はその結果としてもたらされるものです。儲けるのではなくて、儲かるようにすることが大切です」

と、社員やFCのメンバーに訴え続けました。

「喜びの種蒔きとは、お客様が求めているものを、ダスキンが率先して開発し、提供することです。お客様が心から喜んでくださり、気がついてみるとダスキンも利益を上げさせていただいた。そこでその利益は、さらに世の中に役立つように、人材開発、製品開発、技術開発へと、資金として投入すべきなのです」

自分は損の道を行き、他人には喜びの種蒔きをし、それで自分も他人も、物心ともに豊かになり、生きがいのある世の中を追求し続けたのです。

■親切と真心がお客を満足させる

日本で人気上位のホテルに椿山荘《ちんざんそう》があります。私も藤田観光には「組織活性化」のコンサルタントで関わっていましたが、この会社には今でも創業の心が息づいています。創業者の小川栄一は、

「大いに働いた人こそ、大いに楽しむべきであり、観光事業はこの働いた人びとへの感謝を旨として、サービスをしなければならない」

とし、箱根の小涌谷《こわくだに》に温泉を掘りあて、小涌園をつくりました。そして「共同の庭をつくろうじゃないか」という考えで、椿山荘もつくったのです。

小川は、大いに働いた後の慰安があってこそ新しいエネルギーになると強調し、

「大いに働いた人を楽しませるものは、一人ひとりの社員の心にある親切と真心です」

とサービスマンを指導しました。

「観光事業とは、簡単にいえばお客様に喜んでもらう商売です。どうすれば喜んでもらえ

るかというと、自然環境や設備も大切ですが、実際はまわりの人びとのあたたかい心、ことに従業員の真心がすべてです」

と社員の真心をこめた対応を強調しました。彼は人を幸せにする、人に喜ばれることをすることが好きな人でした。語録の中には、喜びを主張したものが多く見られます。

「人から喜ばれる、同僚から喜ばれる。なんとなくあの人の顔を見ていれば、楽しく思えてくる。そんな人になってください。善意を信じ、自分の良心にしたがって、人に喜ばれることをして、自分の人生を拡大する。人に喜ばれて初めて成功するのです」

「働くこと自体が人への親切、社会への親切へとつながらなければ、本当によく働いたということにはならない」

「人生とは、危機の次に本当の幸福が来るもので、有頂天になっている翌日は、具合が悪いものです。みんなが危機意識を持って引き締めてこそ、物事はうまくいくのです」

目の前の危機をチャンスにして、次の幸福を小川語録のようにつくり出したいものです。

■人情の美とおもてなしの心

宮崎を興した観光の父、岩切章太郎は、日南海岸の沿道修景に努め、自然を生かした観光開発を進めた人物です。一九六〇年代から七〇年代にかけて、この地に新婚旅行ブームを巻き起こした仕掛け人です。

彼は自分の企業の幸せだけでなく、地域全体の幸せ創造を追求しました。当時全国で年間二百万人が結婚し、その四分の一を超える五十七万人が、全国から宮崎を訪れたのです。ピークの一九七四年には、新婚の三十七パーセント、七十四万人が新婚旅行で幸せの絶頂時を過ごそうと宮崎を訪問しました。これは宮崎市の人口の三倍というから驚きです。

彼は、あの時代の新婚さんたちを幸せな思い出づくりに導くために、フェニックス・ハネムーンというブームを巻き起こし、サボテンハーブ園、花の栽培など、自然の美しさを生かす開発を次々と手掛けていきます。

「観光は、目先だけの算盤を持っていては何もできない。長い目で見た大きな算盤を持ってこそ、本当の観光施設ができる」

こうして、全国から訪れる新婚カップルの幸せづくりに大きな貢献をしました。

岩切は、観光地の盛衰には「人情の美」「おもてなしの心」が関係すると考えていました。そこで、日本一と賞美されたバスガイドの養成に力を入れたのです。修学旅行の団体には、お客様となった学校の校歌演奏で迎えるという気配りの演出もしました。今日出会ったばかりのガイドさんが、バスの中でいきなり自分の学校の校歌を歌い出すわけですから、感動そのものです。

岩切は、伝教大師の文章を引いて語っています。

「一隅を照らす私どもの仕事は、日本の片隅の仕事である。しかし、私どもがそれぞれ一隅を黙々と立派に照らしていくと、やがて日本を輝かす立派な光になる」

お客様には人情の美で幸せをつくり、地域のみなさまの未来の幸せを考えて地域の活性化を進めた岩切の背後には、仏教の心が見え隠れしていました。

■あたたかい人情を提供する

忘れかけていた日本人のお家芸、「人情の美」について語っていたもう一人の男に、日本ビューホテル創業者箭内源典《やないげんてん》がいます。彼は、こう言い続けました。

「私たちは、お客様にあたたかい人情を提供してあげたい。真心こめてもてなしてあげようではないか」

箭内は、那須の「小松屋」旅館七十五代目です。那須ビューホテルを建てたのを皮切りに、近代的なホテルを次々と開業しました。個性豊かなホテルづくりをめざし活動したのです。

私は産業能率大学の時代、管理者向けの二泊三日の公開セミナーを月に三コース担当し、そのほとんどは「成田ビューホテル」を会場にしていました。講師も受講生も、箭内の思想が浸透しているビューホテルのサービスに満足し、常に利用したものです。

「あたたかい人情を提供したい」と箭内は繰り返し社員に語っていました。

「真心を込めてもてなすことが、この職業を選んだ私たちの使命というものだ。これは私たちの義務と言ってもよい。自分の義務を立派に果たしたときに初めて、私たちは人の満足を得ることができる」

「私は、君たちの心あたたかいサービスがすべてのお客様に満足を与え、感謝され、そのことを君たちが素直に誇りに思うような、そんな職業人になってほしい」

と社員教育で語っています。箭内の企業理念は、

「思いやりのある、心のこもったサービスを提供して人的エネルギーを再生産することこそ、社会に貢献する」

ということです。我々は岩切や箭内から「人情の美」「心あたたかい人情のもてなし」を学びましたが、これこそマニュアルサービスに従ったロボット型サービスが横行しているいま、日本人のお家芸であったはずの「人情」のサービスをもって人びとを幸せな気持ちに導いてほしいものです。

なお、いま我が国は観光立国日本を掲げており、諸外国の人々がたくさん日本にやってきています。いまこそ日本人一人ひとりが「人情の美、おもてなし」を実践し、世界から愛される国風づくりに向け、一歩踏み出していきたいものです。

第五章
夢と大義の経営への道

■夢を趣味として追い続ける

「趣味は何ですか」と聞かれ、

「趣味はないです。まぁ、しいて言えば夢が趣味ということになりますかな。夢だと自分の理想を描いて、自在に楽しむことができますから」

と語ったのは、松下幸之助です。

経済の成長率の低い中で、私たちのまわりには夢など追いかけても仕方がないという風潮ができ上がってしまっているように思われます。

東京オリンピックも行われることになり、経済にも光と喜びが見え始めました。今こそ私たち企業家は率先して夢を語り、社員にも夢を語らせるときがやってきたのです。

松下幸之助をはじめ、日本が誇る名経営者である本田宗一郎も井深大も、そうした夢を追い続けた経営者です。彼らは、

「こんな商品をつくったら、こんなサービスをつくったら、世の中を驚かせ、人びとに喜んでもらえるのではないか」

と思いをめぐらせ、松下は長時間点灯ランプを皮切りに様々な家電製品を、井深はトラ

ンジスタラジオやトリニトロンテレビを、そしてホンダはオートバイでマン島ＴＴレースで優勝し、Ｆ１レースでも世界一に輝いたのです。

■世のため人のための夢は大義となる

松下幸之助といえば、有名な「水道哲学」があります。あるとき、水道栓を捻ってゴクゴク水を飲んでいる車引きを見て、

「水道の水にも価格があるはず。しかし、いくら水を飲んでも、人のものを盗んだといって咎められることはない。それは、あまりにも価格が安いからではないか」

と考えます。そして、

「あらゆる物資が水道の水のように安くなったら、この世の中の貧をなくすことができる。そのために物資の生産をもって富を増大しなくてはならない」

と考えます。そして、全社員を集めて、

「これから二百五十年かけて貧をなくし、この世を物資に満ち満ちた、いわゆる富に栄えた楽しさにしていこう」

と夢と大義を訴えました。この壮大な夢を語ったとき、社員は感激に打ち震えたと言い

ます。私たちも、今こそ社員が奮い立つような夢と大義を打ち出したいものです。「心に描かないものは絶対に生まれない。しかし、心に描かれていたものは、理にかなっていれば、やり方いかんで可能になる」というわけです。

■夢を語り合う場づくりのすすめ

近ごろはどの企業でも、夢を語り合う場が少なくなってしまっているように思われます。様々な経営者の会合に出て夢を語ろうものなら、「あの経営者はいつも浮いたような話をするやつだ！」などと冷《さ》めた目で見られ、時には疎外感を味わうような雰囲気さえあります。

職場の仲間が集う飲み会の場にいても、上司の悪口や職場の問題点を共感し合って盛り上がることはあっても、熱く夢を語り合って盛り上がるような酒席が減っているのはさみしい限りです。

職場の問題解決も、夢やビジョンからスタートすべきときが、今こそやってきていると思います。そもそも問題とは「望ましい姿と現実とのズレ」「夢や志と現状との差」のことを指します。夢や大義がなければ、みんなが大きな課題に向かい、燃えるような熱い血《ち》潮《しお》をたぎらせて取り組むことはできません。

目先の細かい問題や、不平不満を解決していくレベルの活動ばかりしていては、社員の意欲や職場の活力は大きくなりません。大きな夢を語り合ったら、いま抱えている問題など小さなことだと気づき、些細な不満や小賢《こざか》しい問題など吹き飛んでしまうものです。

■未来のために夢を語り合う

日本の企業家たちは、なぜか坂本龍馬が大好きです。「維新」という言葉を聞いただけで胸が熱くなるという企業家も多くいます。明治の草創期、維新の志士たちは集まっては国の未来について夢や志を語り合いました。

「何のために維新をするのか」

「誰のための維新なのか」

多くの人びとの暮らしやすい幸福な生活のために、この国の未来のために、どこをどう変えたらいいか、語り合ったはずです。

平成の今、時代背景は違い、仕事内容や役割も異なりますが、日本の企業家たちは自分の会社の置かれている立場をもって、もっともっと人世のために役立ち、多くの人びとに喜びと幸福を与えることができないかと想いをめぐらし、夢と大義を掲げて企業維新を推進してほしいものです。

掲げた夢が人びとを喜ばせ、社会を幸せに導く商品やサービスを創造し、世のため人のためになるとすれば、それは大義と結びついているといってよいでしょう。

このように経営者は、「夢と大義の御旗《みはた》」をしっかりと掲げ、それを発信し続けることが大切です。そして、その夢と大義に共振共鳴する幹部と社員こそが、本物の同志であると考えるべきです。夢と大義に同じ気持ちで響き合い、共感、共鳴し、魂が共振し合うような仲間づくりを進めていくことをおすすめします。

「同音同響の同志づくり」こそが、企業家のいま最もなすべき大切な仕事だと思います。

■夢と大義で人材を引きつける

人材の採用や同志集めにあたっては、まずは夢と大義をぶつけて反応を見ることをおすすめします。採用する人材に自社の夢と大義をしっかりと伝え、「この大義の指にとまれ！」というような採用方法でないと、本物の人材は集まらないのではないでしょうか。

優秀だと思って採用したところで、夢や大義への共振が小さければ、その人はいずれは会社を去って行くでしょう。

お金で引きつけた人間は、ほかに賃金が高い職場があればそこに移っていきます。また、土日休日も多く仕事が楽だからといって入社した人間は、もっと楽してお金をもらえる職場があれば、そちらに転職することになります。

桃太郎便でおなじみの丸和運輸機関では、「3PL（サード・パーティー・ロジスティクス）で日本一となり、物流業界の機関車となって業界をリードしよう」という明確な志の旗を掲げ、中小企業から一部上場企業にまでこぎ着けました。この会社では、売上の二パーセントを「同音同響の同志づくり」のために教育投資しています。

このように、社員は夢と大義のもとに徹底的に教育すべきです。社員全員のベクトルを合わせて、夢と大義に一丸となって向かう体制を整えるのです。会社として実現すべき夢を明確に伝え、その夢をめぐって全員がじっくり語り合えるような研修スタイルをとることが望ましいと思います。

この「大義教育」は大切です。社員に対して、仕事を通して会社の掲げている使命を実現することが、多くの人びとを幸せに導く道であることを徹底して訴え、皆で語り合い、社員一人ひとりの胸に落とし、肚に落とさなくては、大義に向かって全社の行動エネルギーを結集していくことはできません。

■大義に向かう社風をつくる

社員一人ひとりが大義に向かう活動を日常化し、そうした動きを未来に向けて定着させていけば、いずれ揺るぎない社風・風土が形成されます。

全社員の行動パターンや会社の意識のすべてが、「世のため人のため」「国のため」「世界の人びとの幸せに役立つため」という想いをはせて動く風土になったら、なんとすばらしいことでしょう。

大義に向かう組織風土づくりを完成した企業は、千年繁栄すると言えます。利潤を得るためにお客を満足させようという社風とは、次元が異なります。人世の幸せを考えて活動する社風づくりをすることこそが、社会から尊敬され愛される企業となり、永続的に繁栄する企業の道です。

こうした徳のある企業こそが、格の高い企業なのです。要するに、「社徳が社格をつくる」というわけです。以下に、夢と大義を掲げ発展してきた代表的な日本企業の実例を紹介していきます。

■江戸の商人にも大義があった

いま、日本はグローバルな時代に入り、文化・習慣・価値観の異なる外国人と接することが常となってきている企業も多いことでしょう。江戸時代の朱印船の中心となっていた角倉《すみのくら》一族の「船中規約」に、心に残る興味深い言葉があります。

「たとえ風俗や言語が異なっていても、まるで兄弟に接するような心で商売しなさい」

「人の真心はイルカにも通じるし、企《たくら》みはカモメだって察しますよ」

外国との貿易をするにあたり、日本国の交易商人（商社マン）として義の心をもって恥ずかしくない商売を堂々とやりなさい、ということが示してあります。

◎船中規約（慶長八〈一六〇三〉年、第一回朱印船出航に際して作成された角倉船の乗組員一同に規律を求めたもの）

第一条、凡《およ》そ回易之事（貿易の事業）は、有無を通じて人と己を利する也。人を損じて己を益するに非《あら》ず。利を共にするは小なりと雖《いえど》も還《かえ》って大也。利を共にせざるは大なりと雖も還って小也。謂う所の利は義之嘉会《かかい》也。故に曰く、「貪賈《とんこ》（貪欲な商人）は之を五とし、廉賈（清廉な商人）は之を三とす」と。思う焉《べし》（よくよく考えよ）。

第二条、異域之我国に於ける、風俗・言語異ると雖も、其の天賦之理（天より授かった人間の本性においては）、未だ嘗て同じからざるなし。其の同じきを忘れ、其の異るを怪しみ、小《すこし》も欺詐慢罵《きさまんば》（あざむいたり、あざけったり）すること莫《なか》れ。彼且つ之を知らずと雖も、我豈《あに》之を知らざらん哉《や》。信は豚魚（イルカ）に及び、機は海鷗（カモメ）を見る（人のまごころはイルカにも通じ、心ないカモメさえも人のたくらみを察する）。惟《おも》うに、天は偽欺《ぎぎ》を容れず。我が国俗を辱むる可からず（心ないふるまいによって、わが国の恥をさらしてはならない）。若し他に仁人君子に見《まみ》ゆれば、則ち父師の如く之を敬い、以て其の国の禁諱《きんい》（しきたり）を問い、而て其の国之風教（その地の習慣）に従え。

――回易大使 貞子元誌《しる》す（吉田實男 著『商家の家訓』より一部抜粋）

■国利民福と産業報国という大義

明治に創業した三菱商事には、三菱の四代目岩崎小弥太の論述をもとに確立した大義が明確に打ち出されています。

◎三菱商事の方針

「産業が利潤を離れて存在し得ないことは言うまでもないが、その利潤は公正な用途と分配が最も肝要である。三菱は、創業以来常に国家とともに歩み、産業の使命は〝国利民福〟にある」

ここには、企業の存在は民の幸福と国の利益のためにある、そのことを忘れてはならないと強く発信されています。

◎パナソニック綱領

松下電器（現パナソニック）は大正時代に創業されました。創業者の松下幸之助が作成した「遵奉すべき精神」は、今でも毎朝パナソニックの全社員が朝礼で読み上げています。その一条を紹介すると、「産業報国は当社綱領に示す処にして我等産業人たるものは本精神を第一義とせざるべからず」とあります。以下の綱領に大義が発信されています。

「産業人たるの本分に徹し、社会生活の改善と向上を図り、世界文化の進展に寄与せんことを期す」

松下幸之助は、社会生活の改善と向上のため、また「家電による生活革命をしよう」

「女性を家事から解放する」と言って、カマドとお釜の時代に電気炊飯器をつくり、タライと洗濯板の時代に電気洗濯機をつくりました。

昭和のドラマによく使われる白い割烹着姿で木綿の手拭いを被り、はたきと長いほうきを握っていた日本中のお母さんに電気掃除機を持たせようとしたのも、松下の「女性の家事からの解放」「社会生活の改善」という大義の旗印のおかげです。

■夢に挑戦したソニーとホンダ

昭和創業のベンチャー企業の大義として、ソニーの前身である東京通信工業の「会社設立の目的」（一九四六年、一部抜粋）を見てみましょう。ここにもまた立派な大義が輝いています。

一、日本再建、文化向上に対する技術面、生産面よりの活発なる活動
一、戦時中、各方面に非常に進歩したる技術の国民生活内への即時応用
一、国民科学知識の実際的啓蒙活動

この目的を掲げ、世界一小さなトランジスタラジオ、世界一小さなテレビなどをつくり

あげました。

ソニー二代目社長の盛田昭夫が創業四十年後に、理念をより洗練させソニースピリットとして会社に掲げたものを紹介しましょう。

「ソニーは開拓者。その窓はいつも未知の世界に向かって開かれ、はつらつとした息吹に満たされている。人のやらない仕事、困難であるために人が避けて通る仕事に、ソニーは勇敢に取り組み、それを企業化していく。そこでは、新しい製品の開発とその生産・販売のすべてにわたって、創造的な活動が要求され、期待され、約束されている。（中略）開拓者ソニーは限りなく人を活かし、人を信じ、その能力をたえず開拓して前進していくことを、ただひとつの生命としているのである」

このスピリットのもと、ウォークマンやプレイステーションなどを生み出しました。

ホンダは一九五六年に、次のような社是を連ねています。

「わが社は世界的視野に立ち、顧客の要請に応えて、性能の優れた、廉価な製品を生産する。わが社の発展を期することは、ひとり従業員と株主の幸福に寄興するに止まらない。良い商品を供給することによって顧客に喜ばれ、関係諸会社の興隆に資し、さらに日本工業の技術水準を高め、もって社会に貢献することこそ、わが社存立の目的である」

ホンダの創業者本田宗一郎がいかに夢を描き、挑戦していたか、ユニークな話を紹介します。

ホンダは今でこそ「世界のホンダ」となっていますが、戦後、日本軍が使っていた発電機用の小さなエンジンの残骸を自転車に取り付けて走らせたのがホンダのオートバイの始まりです。

創業者本田宗一郎は「チャレンジして失敗を恐れるよりも、何もしないことを恐れろ」と常に語り、「迷ったら、前進！」の心で挑戦に挑戦を重ねた人です。

・夢で社員の気持ちを引き立て困難に立ち向かう

ホンダは、昭和の高度成長期の初めに「マン島ＴＴレース」で世界一になり日本人を沸かせます。工場の庭にみんなを集めた宗一郎が、みかん箱に乗って「諸君！　本田技研の全力を結集して栄冠を勝ち取ろう」と宣言したのは一九五四年の戦後間もないころの話です。

当時のホンダは町工場に毛が生えたような状態で、資金繰りが滞り、倒産の危機にありました。宗一郎は現実離れした夢を本気で語り、社員の気持ちを引き立て、困難に立ち向かったのです。そのとき、宗一郎は社員にこう語るのです。

「できないと断定できるのは神様だけだ。進歩を運命づけられた人間の辞書には、不可能という言葉はありえない！」

・夢を掲げ大風呂敷を広げる

宗一郎はオートバイの国際競技「マン島TTレース（250cc）」参戦を宣言してから現地視察に行き、レースを目の当たりにして世界との差に打ちのめされます。しかし彼は夢を諦めません。周囲の人びとの中に流れる「無理だろうな～」という空気を、「やってみもせんで！」の一言で一蹴します。そして失敗を重ね、七年後にはついに優勝を成し遂げるわけです。

宗一郎が夢を掲げ、再び大風呂敷を広げたのは一九六四年の「F1」参戦です。前年に、ホンダは二輪に加え軽トラックと小型のスポーツカーを発売したばかりという状況です。あまりにも無謀な挑戦に社員の一人が思いあまって意見すると、「できるかどうか、俺にもわかんねえけど、俺はやりてえよ」と訴えたそうです。

■自利・利他でなく公利を考える

企業家は、今やっている事業そのものを、また自分の想いや考え方を、「誰のために」

「何のために」「なぜやっているのだろう」と見直してみることが必要です。そうして、自分の事業を見つめ直し、それが国のためや社会の幸せの方向に向いているかどうか確認することです。

日本の先哲経営者たちは「動機善なりや、私心なかりしか」と、自己の意図や行動を戒めて活動していました。動きが義にかなっていなかったり、私心ギラギラした私利私欲にもとづき「自己の利」だけのために行っているようでは大きな発展は望めません。

一流の企業家は、たえず大義に向かい克己心をもって努力精進しているのです。

次頁の表は、「会社は誰のためのものか」を考えるために企業のタイプで分類してみたものです。私はタイプDの企業こそが、大義を実践できる企業だと考えます。

このタイプの特徴は、「利益は結果である」つまり「利益とは社会に奉仕した報酬である」と考えるところです。このタイプの企業家は「企業は社会に生かされている」という「感謝・報恩」の心をベースに持って経営しています。

そして夢に向かって大義を掲げ、人びと・社会への愛をもって「公利民福」、すなわち世のため人のため、社会に奉仕（利公）し、結果として利益という報酬が与えられるという、まさに「心と道の経営」を実践しています。

「人徳ある企業家、社徳のある企業、そして徳のある日本国家をめざす」――私は、夢と

	《会社への考え方》	《誰のためか》	《なすべき課題》
タイプA（利家）	・先祖からの預かり物	・家	・家業の存続と発展
	・株主・オーナーからの預かり物	・株主・オーナー	・増収増益
タイプB（利社）	・運命共同体（関わる皆の生活の母体）	・社長（オーナー）・社員・お客様	・顧客満足 ・人間性尊重 ・会社に関わる人々の欲求満足
タイプC（利他）	・利害関係者の連合体（会社は継続企業体）	・会社に直接関わる利害関係者	・上記に加えて環境や社会的責任の充実 ・存立要件に配慮して存続繁栄を追求する
タイプD（利公）	・社会の公器としての企業（社会からの預かり物）	・社会	・上記に加えて自然環境の調和 ・国際機関関係の調和、社会的責任を果たす ・世のため人のため社会への奉仕を目指す

（福留民夫教授の理論をわかりやすく修正・文責　市川覚峯）

大義の経営の実践にあたり、昔から日本の経営者が精神的バックボーンを日本思想に置いたように、明確な思想を持った「心と道の経営」を進めたいと思います。「夢と大義を掲げ、正道・王道を進み、人や社会を幸福に導いたならば、必ずや利益が生まれてくる」というのが先達企業家たちの教えだったはずです。

■大義のある企業家は克己心を磨く

大義の経営を実践しようとする企業家には、自分の身を修める「修身」が大切です。大義を掲げるからには、その大義に向かって率先して行動し、後ろ姿で手本を見せなくてはなりません。

大義の実践・実行に取り組もうとすると、様々な困難にぶつかり、時にはめげそうになることもあるでしょう。自分の心に甘えたくなることもあるでしょう。しかし、揺らいで弱まり、時にはしぼんでしまいそうになる弱い心を、魂（精神）の力で押し上げていかなければ、大義の実現は到底不可能です。

そこで、大義を果たそうとする企業家は、己の心に克つ「克己心」が何よりも大切となってきます。社員が大義にもとづいて行動することにより、会社には徳が積まれます。社員の人徳の結晶として「社徳」が生まれます。

社徳の高い会社がこの国に増えていくと、各社の社徳の総結集として「国の徳」「国の品格」が高まっていきます。各社が大義を掲げ徳を積んで、世界の人びとから「日本の企業と取引してよかった」「日本のおかげで私たちは幸せになった」と喜んでもらえるようになれば、日本が世界から敬愛される国になれるのです。

こうした企業を増やして「国徳」を積んでいくことが、日本が繁栄していく道であると思います。

■夢と大義の経営は愛の魂を持つ

次頁の図をご覧ください。夢と大義の経営の図式を説明します。

夢と大義の経営を実践するにあたり、夢を発信し大義の旗を高く掲げるには、その原点（基）にそえるものとして深い愛（慈悲・仁）の心を持たなければなりません。それは「恕」、つまり日本人特有の思いやりの心がもととなる「情の経営」がベースとなります。「経営のプロセス」においては、顧客満足の活動は当然のことながら、人間性を尊重した社員満足の活動をしなくてはなりません。さらに取引先、地域社会、社員、株主などのステーク

〈夢と大義の経営図〉

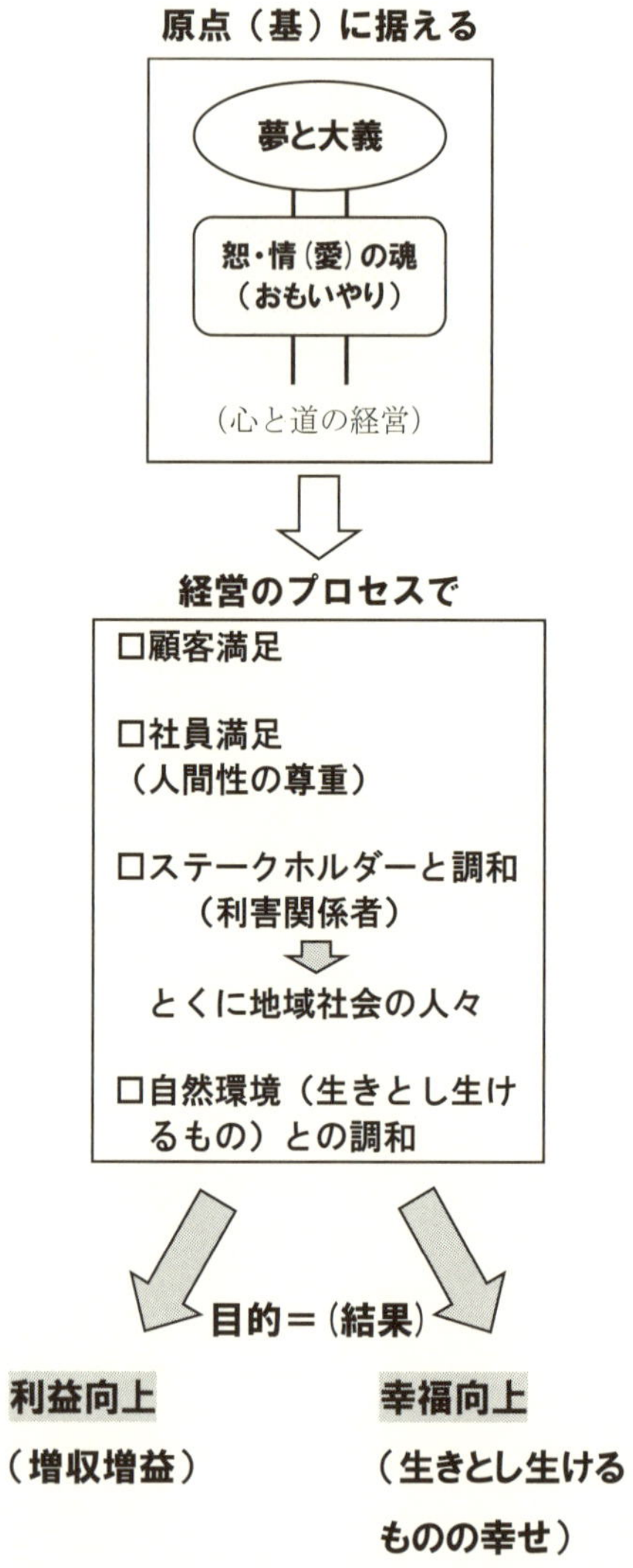

原点（基）に据える
夢と大義
恕・情（愛）の魂
（おもいやり）
（心と道の経営）
経営のプロセスで
□顧客満足
□社員満足
（人間性の尊重）
□ステークホルダーと調和
（利害関係者）
とくに地域社会の人々
□自然環境（生きとし生けるもの）との調和
目的＝（結果）
利益向上
（増収増益）
幸福向上
（生きとし生けるものの幸せ）

ホルダー（利害関係者）に満足を与える調和の経営をしなくてはなりません。
とくに地域や社会の人々の好感度を上げ、満足させることが大切です。そして当然のことながら近年では環境問題に注目が集まる中で、自然環境への対応努力が大切になってきます。

次に結果としての「企業の目的」としてですが、それは二つの側面に絞られます。「企業の目的は利益の獲得なので、増収増益が優良企業の指針だ」という経営者もいますが、それは目的の一面にすぎません。

先達経営者たちは、「利益は社会に貢献して人びとを幸せにした証であり、社会からのご褒美である」と訴えています。企業の目的は「人びとや社会の幸福」の向上にあるべきです。いや、そればかりか「生きとし生けるものの幸福」に結びつくためと考えるべきでしょう。

このような考え方にもとづき、夢と大義を高らかに掲げ、全社員が心ひとつに邁進する企業こそが「世界から敬愛される企業」となっていくわけです。私は、そうした企業がこの国に一社でも多く増えていくことを願ってやみません。

夢と大義の経営をめざす企業づくりを具体的にどうしたらいいか、その手順を次のようにまとめてみました。

〈夢と大義の企業づくりの手順〉

ステップ1　自社の強味、特性（コアコンピタンス）を洗い直し列記する。

ステップ2　自社の使命（ミッション）・存在意義を考え直す。

（①誰のために　②何のために　③何をして社会や国家に貢献するのか）

ステップ3　主要メンバー（幹部・同志）にて共有し、共振し皆のベクトルが合うまで夢と大義を語り合う。

（上層部から打ち出された夢と大義をもとにして）

ステップ4　各部門、職場単位で夢と大義を語り合う。

ステップ5　各部門・職場単位で夢と大義に向けて取り組む課題をつくり、具体的なアクションプランを錬り上げる。

（①何を　②どのように　③いつ　④誰が　⑤どんな点に留意して）

ステップ6　夢と大義の経営を実践した結果・成果を内外に発信し、周辺の企業に「夢と大義の経営」の動きを広めていく。

第六章

誇り高き日本経営への道

■誇り高き企業づくりをめざす

私は仕事がら、地方に講演に行くことが多くあります。そんなとき先方の担当者が「先生、少々時間もありますから……」といって案内してくれるところがあります。「この会社はこの前NHKに取り上げられ、『カンブリア宮殿』にも出た○○社で、社長はとくに□□をして……」と誇らしげに語り出すのです。

こうした地方の方々が誇りに思い、丁重に会社の門の前まで案内し、会社の全景を私に見せてくださりながら熱く語る企業には、共通する特徴があることに気づきます。

これらの企業は、今までにない新しい商品やサービスを開発して世間を「あっ！」と言わせている会社であるとか、ある領域でナンバーワン企業であったり、時にはその地域や社会に大きな貢献を長く続けている企業です。

まさにサービスや技術、そして経営のあり方を進化・深化させ、その時代や人びとのニーズに合わせて新しい価値を創出している企業なのです。

みなさんの近くに、誇れるような企業とか誇りたくなるような経営をしている企業があるとしたら、いったいどんな企業なのでしょうか。また、誇り高き日本経営を実践している経営者とは、いったいどんな人物であり、どんな考え方、理念にもとづいて経営をしているのでしょうか。

■それぞれの道を究める経営

私は日頃から企業家のみなさんに、「道を求め、道を究めよ」と訴えています。もちろん「人としての道」を語ることが多いのですが、大工には大工の道、パジャマ屋にはパジャマ屋の道があると訴えています。

ある地方で案内された「誇り高きパジャマ屋さん」を紹介しましょう。

この会社は、小さいながらもパジャマ屋の道を究め、深化させているのです。例えば、病気で片手の不自由な老人でも簡単に着たり脱いだりできるパジャマを開発しています。また、老いても美を求める女性のために、おしゃれな外出兼用着をつくりました。つまりその都度着替えることなく、そのままで散歩に出てもパジャマと思われないような、美しくおしゃれなデザインを施したパジャマの専門会社があるのです。

このように、その道のプロとして、徹底して使う人の身になり、その機能と満足感を追求し続けていくことで、商品やサービスの質を高め、今までにない輝く価値を創出できるというわけです。

こうした誇り高い経営をする会社は、決まってその経営者の志が高く、夢を掲げ、自分の想いを社内全体に浸透させ、社員一丸となってそのことに取り組んでいます。

道を究めることは尊いことです。剣の道を究めるというように、一つのことを徹底して究めていく作業、つまり深化させていくことで極めつけのものが生まれ出てくるのです。

同じ作業を繰り返し行い、まるで修行のように努力して生まれ出た技術や製品もあります。これも地方の誇り高き企業の話ですが、砲丸投げの球を削る技術が世界一の企業があります。砲丸の重心を球のセンターに合わせる最高の技であり、砲丸投げ世界大会入賞者のほとんどは、この会社でつくった球を求めて愛用しているのです。

■「温故創新」で経営を進化させる

中国古典に「温故知新」——古きをたずねて新しきを知る、という諺があります。古きよき開発のストーリーをしっかりと学んで、そのステップや手順からヒントを得、自分の仕事に合わせて新しい商品やサービスを深化・創出していくやり方が有効です。その意味では「温故創新」となります。

私がコニカ（現コニカミノルタ）のコンサルタントとして工場に通っていたとき、工場の壁に「コニカは小さなものに意地がある」と工場長の自筆で太く書かれたポスターが張り巡らされていました。

製品を小さくすることに技術と製造の力を注ぎ、「日本初」とか「世界初」の製品を生み出すことが、とにかく大好きな会社なのです。自動焦点カメラのシステムを世界で初めて搭載した「ジャスピンコニカ」の開発プロセスは、『プロジェクトX』的な努力と涙の物語です。

かつて日本の企業は、それぞれが技術という匠の道を究める道を歩んでいました。そして技術・システム・製品を進化させ、皆が称賛し拍手を送るような輝く価値を持った製品をつくり出してきました。このことが「技術立国日本」と言わしめてきたわけです。

■価値を創出し誇れる企業となる

かつての日本は「ジャパン・アズ・ナンバーワン」と言われ、人びとは日本国民としての誇りをもって活動していました。しかし今、その多くは誇りを失いかけています。

再びこの国を「誇り高き日本」にするためには、この「誇り高き日本経営」を行う企業家たちが多く輩出され、国に誇れる企業がたくさん現れなくてはなりません。

たしかに経済面では「中国企業がＧＤＰ世界第二位となり……」「韓国企業が電機業界ではトップとなり……」と語られていて、かつての日本企業の勢いを知っている者としては残念でなりません。

いま世界の人びとは、日本でのオリンピックを楽しみにしているようです。日本の人気は私たちが思う以上に高いようです。東洋の魅力に加えて、治安のよさ、安全の高さの評判も手伝って、多くの外国人旅行者がやってきています。

「日本人には安心してまかせられる」「日本人は真面目だし勤勉、正直だ」と諸外国の企業人は語ります。そのときの日本のイメージは、海外で活躍する日本のビジネスマンや日本企業の活躍ぶりを通して持ったもののようです。

たしかに多くの日本企業は「顧客満足」といって取引先・エンドユーザーに徹底して尽くし、社員を家族のように大切にする「人間尊重の経営」を行っています。そればかりか、植樹活動など地域社会に貢献する活動を積極的にしているという評価も高いようです。

とかく日本企業は、中国や韓国の企業と比較されて「アジアのリーダーとなりうるか」という目で見られがちです。いや、そうなってほしいという願望もあります。中国は今やＧＤＰ第二位になったとはいえ、「孔子の論語」の教えも失われ、「仏教の心」も薄れ、近ごろでは道からはずれたビジネスマンも目立っているとも聞いています。

また、韓国企業も貨物船沈没事故以来、あのいたましい旅客の姿、船長が真っ先に逃げ出したテレビ映像を見てがっかりし、韓国人ビジネスマンの姿勢が問われているようです。

こうした中にあって、アジアのリーダーとして日本の企業やビジネスマンは、日本人らしく日本的な経営思想にもとづいて経営していきたいものです。そして日本企業らしい品格と誇りをもってビジネスに取り組み、経営者は「誇り高き日本経営」の道を求め道を究める、あくなき道に挑んでほしいと願っています。それこそが日本が世界の人びとから「敬愛される国になる道」であると、私は確信しているからです。

■私心を捨てて大志を持つ

日本の企業は「誇り高き日本経営」を行い、そこには日本を誇る名経営者がすばらしい理念・哲学のもとに経営していました。そうした名経営者たちの語録に学んで、誇り高き日本経営を実践し、誇り高き日本企業への道を歩む道標としたいものです。

私はカルピスの創業者三島海雲《かいうん》が大好きです。三島は二十代でモンゴルに渡り、あの力強い兵隊たちに圧倒されたと言います。そして、その兵たちが飲んでいた酸っぱくて白い液を革袋に入れて日本に持ち帰ります。

それから七年半かけてその飲料を研究し尽くし、深化させ、国民の健康によい乳酸菌入りのカルピスをつくり、飲料の価値を創出したのです。

三島は常に「国利民福」、つまり国民を幸福にすることと、国家の利を考えての事業を行っていたわけです。三島海雲の言葉をいくつか紹介しましょう。

「私が若人に望むことは、『私心を離れて大志を持て』ということである。人間である限り、欲望のない者はいない。ならば小さな私欲ではなく、もっと大きく、国家・社会に利福をもたらすような欲望を持つことである」

「有意義なことを始めたら、必ず金のこととか、食べることの心配はいらなくなるものだ。サラリーマンになって給料の多い少ないなどに汲々とするな。そんな心がけでは、ろくなことはできない。自分の生活がどうとかいう卑屈な考えは捨てろ、若い人は大志をいだき、理想に向かってまっしぐらに努力することだ。私心を離れろ。大志を持て」

私は、三島に学んだこれらの言葉を、若い企業家に訴え続けています。

■親切心を持ち愉快に生きる

赤門と並んで東大のシンボルである安田講堂を寄付した安田生命の創業者安田善次郎は、「親切心が評判を呼ぶ」と訴え、生命保険会社を拡大していきました。彼も誇り高き日本経営の推進者であり、その言葉には深いものがあります。

「私は、『他人を頼らぬ、嘘を言わぬ、支出は収入の八割以内』の三つの誓いを立て、克己心をもって青春を送り、安田生命創業のベースとなる哲学を築きました」

お客様には分け隔てなく、そのときに店にあるものの中から一番よい商品を売ってあげるという「親切心」が成功の要諦であるというビジネスの原点を悟り、「親切心が評判を呼ぶ」というクチコミの強さを認識して商いに向かい、店を拡大していったのです。

私たちは愉快に仕事をし、愉快な人生を送りたいと誰もが思っています。この愉快とは、辞書には「はればれとして楽しい様子」とあります。安田善次郎の説く「毎日を愉快に送る道」について紹介しておきましょう。

安田は、次のように語っています。

「自己の経験と技術と希望とが一致した仕事をすれば、自然と日々が愉快に暮らせる。これとは逆に、未熟で技術も足りず希望も伴わない仕事をすると、愉快に暮らすことはできない」

「私の言うところの人生の愉快は、自己の十分の知能と、十分の技量とを、労力をもって錬磨し、思うままに十分に働けば、自身の発展も一家の繁栄も、求めずとも自然にやってくるものだ」

凡人である私たちは、どんなに愉快に暮らそうと思って努力しても、一生のうちにはいろいろな困難がやってきます。しかし、安田はこう語っているのです。

「この困難をいかに切り抜けるかによって、多くの愉快を得るか得ないかが分かれるのだ」

私の大好きな安田の教えに、次の「愉快を増長させるには」という話があります。

「生気のさかんな木は爆風のために枝を折られ、幹を揺すられれば、ますますその根を広げて新しい枝を一層繁らせる。そのように人間も、困難のために苦しめられるほど、堅実に完全に進歩発達していくのである、困難に出合ったときは苦しいに違いないが、そこを切り抜けさえすれば、その後の愉快は実に大なるものである」

「困難に出合った苦痛の大なれば大なるほど、それを切り抜けた後の愉快は大なるものであるから、一時の苦痛のために困難を厭うことは決してない。要するに、人生における困難は、我々の愉快な生活を妨げるために起こるのではなく、実は我々の愉快を鼓舞し増長させるために来るのである」

安田の教えにしたがって、私たちも日々愉快に幸せに過ごしたいものです。

■至誠一貫の行動を心がける

私の叔母は青春時代、諏訪の片倉製糸工業で働いていました。創業者は製糸王と言われた片倉兼太郎です。彼女は片倉製糸で働いていたことに、年老いても異常なほど誇りを持っていました。

「私は片倉製糸で、女として生きる基礎を身につけさせてもらった」

裁縫やお茶、お花、そして教養やしつけなど、すべて会社で教育してもらったようです。社員全員で諏訪湖をきれいにするボランティアに参加したことも、自慢話の一つでした。

精神修養のため、片倉製糸の構内には神社、仏殿が安置されていて、朝夕に礼拝が行われ、神仏崇敬の気持ちを育んだと言います。

諏訪湖畔に「千人風呂」をつくったのも兼太郎です。私も少年のころ、諏訪の叔父さんに連れられて浴し、その大きさに感動したものです。今でも片倉工業は地域の住民や社員にとって誇り高い企業です。

兼太郎は慰安施設や劇場もつくり、市川團十郎を招いて社員や地域の人たちを楽しませました。図書館や博物館も寄付しているのです。

◎片倉家家憲

一、神仏を崇敬し祖先を尊重するの念を失うべからざる事
二、忠孝の道を忘るべからざる事
三、勤倹を旨とし奢侈《しゃし》の風に化せざる事
四、家庭は質素に事業は進取的たるべき事
五、事業は国家的観念を本位とし併せて利己を忘れざる事
六、天職を全うし自然に来るべき報酬を享くる事
七、常に摂生を怠るべからざる事
八、己れに薄うして人に厚うする事
九、常に人の下風に立つ事
十、雇人を優遇し一家族を以て視る事

これを見ると、誇り高き日本の名経営者の精神に触れ感銘するものばかりです。

また兼太郎は「至誠無息」（至誠は息むことなし）と日頃語り、至誠一貫の行動を心がけており、「己が責任のことにあたりては之を完成させざれば止まざりき」と日々精進したと言います。その精神は次の四句で後世に残しています。

一、明敏達識　能く事物の真髄を洞察したり
二、意思強固　ひとたび確信して決する所あれば断じて働く所なかりき
三、光風晴月　常に洒々落々、事物に遅疑滞することなかりき
四、活淡寡慾　自然の弾味を帯びて、利慾の上に超脱し居たり

明治・大正の時代をリードした、日本が誇る「世界の製糸王」の理念を、未来永劫引き継いでいきたいものです。ここには儒教・仏教・東洋思想が色濃く残っています。

■人を愛し国を愛し勤めを愛す

私は若いころ、三愛ビルのある銀座四丁目交差点でよく待ち合わせをしたものです。あのころ「三愛って何だろう」と思っていました。三愛とは「人を愛し、国を愛し、勤めを愛す」という「衆生済度」の精神と知ったのは、私が千二百日間の山での修行を終えてか

らのことです。

この「三愛」という会社には、「リコー」「三愛石油」「明治記念館」など二百七十社もの会社を設立した、戦後最大のベンチャー経営者といわれる市村清の想いがこもっています。

以下に、市村清の代表的な経営哲学を三つ紹介しておきます。
①衆生済度
「すべての人間が、人を愛し国を愛し勤めを愛す気持ちで生活することができなければ、この社会のどこに救いがあるというのか。私が常日頃標榜する『三愛の精神』も、根本は仏典にいう衆生済度につながると言っていいのである」
②奉仕こそ商道なり
「三愛の創業に際して志した経営哲学の第一は、大衆への奉仕の精神であった。他人の虚につけ込んで小賢しく利を盗むやり方よりは、広範な大衆の立場に立って、世のためになる奉仕を志すほうが本当の商道だ」
③儲ける経営より儲かる経営
「事業というものは、世間の利益と一致したところに繁栄するものであって、儲けてやろうという気持ちでやる事業には自ら限界があるものだ。ところが、世のためにやるのだと

いう精神で道に則してやれば、自然に儲かるものであって、そのほうがむしろ利益は無限である」

■企業は人間を磨く道場である

私は三十代のころ、産業能率大学の経営管理研究所に所属しており、ＴＤＫの研修所に講師として通い続けたことがあります。テーマは人材育成やＯＪＴの内容ばかりでした。当時、この会社ほど人材教育に力を入れていた会社はなかったと思います。それは素野福次郎という当時の社長が「企業は人間を磨く道場である」という考え方を掲げていたからです。私は今でも、素野に学んだ思想をもとに、私の受講者たちには「いまここ道場、いまこれ修行」と訴えています。素野の言葉を紹介しておきましょう。

「人間は裸にならなければ育ちません。人材を育てる側も、肩書きを外した裸の人間として見ていかねばならないし、育っていく側も、肩書きを外した裸の人間として勝負していかなければならないのです。その気概なしには成長などあり得ません。自分の力を発揮できる場所、それが正確に評価される場所で仕事をやってやろうと、私は今の会社に飛び込んでいったわけです。ＴＤＫの前身である、たった四人の町工場にね」

「私の持論のなかに『企業＝人間道場論』というものがある。企業とは、人間を磨く、あるいは人間としての喜びを持つ道場なのだ」

素野の訴える「人間道場論」の考え方で、私たちは一生進みたいものです。

■互譲互助・和の精神を持つ

私は出光興産の創業者出光佐三の次の言葉に励まされ、日本の未来を考え、コンサルタント、思想家として今日までがんばってきました。出光こそが常に日本の未来を憂いた、わが国が誇る経営者であると考えます。

その出光佐三から引き継いだ日本の青年たちへの期待を、そのときの言葉のまま、機会あるごとに伝えてきています。それを紹介しましょう。

「私は日本人として、日本人らしく実行の道を歩いてきた。妥協を排し、誘惑に迷わず、ただひたすら日本人の道を歩んできた。権利思想や個人主義では絶対にうまくいくはずがない。お互いに譲り、お互いを助ける互譲互助、和のあり方でなければならない」

「日本人がこの日本伝統の互譲、和の姿に一刻も早く立ちかえり、対立闘争で行き詰まっている世界に、平和と福祉のあり方を教えることが、今日の日本人の世界的使命である。

その使命を担っているのが日本の青年である」

佐三は、当時の青年たちに訴え続けました。

「私は青年に呼びかける。政治家をあてにするな。教育に惑わされるな。そして祖先の伝統の血のささやきを聞き、自らを頼って言論界を引きずれ。この覚悟をもって自らを鍛錬し、修養せよ。そして、その目標を明治時代の日本人たることに置け」

私も佐三と同じように、「日本人よ、真の日本人に返れ」と訴えたい。佐三が最近の日本人を見ればおそらく語るであろう言葉を、文献の中から組み立ててみました。

「労せずして金を儲け、安逸《あんいつ》をむさぼっている間に、伝統の日本精神に大きな傷がついてしまった。国民は精神文明より物質万能に陥り、日本精神は寂しいばかりの形となり、国民は国家の前途に大きな不安を生ずるにいたり、世相は騒然としてきた」

「全人類が望むものは、平和と人類の福祉である。しかるに過去の歩んできた道、すなわち個人主義、権利思想、物質文明の道は対立闘争の道であって、平和への道とは反対の道であり、この道は行き詰まった」

「青年よ、混乱する現在の政治、教育、言論、財界のあり方に悲観せず、静かに伝統の血のささやきに耳を傾けつつ、明治時代を凝視せよ。そして短を去り、長を採って、新しい日本をつくれ。青年は敬日の言葉をつくる。高き目標に向かって精進することを祈る」

これらは、いずれも佐三が八十歳後半の言葉から引用したものですが、今日にもピタリ当てはまります。いまの日本には、このように国の未来を憂えて経営をする企業家が少なくなってしまいました。

■黄金の奴隷にならない

「私が創業以来やってきたことは、とても簡単なことで、人間が中心となってすべてを決するということである。この生き方を私の会社では奴隷解放と言っている」

佐三は、次の七つの奴隷解放をあげています。

・黄金の奴隷になるな
・学問の奴隷になるな
・組織、機構の奴隷になるな
・権力の奴隷になるな
・数、理論の奴隷になるな
・主義の奴隷になるな
・モラルの奴隷になるな

人間に使われる奴隷解放という言葉を、佐三は、人間が金や物の従者になるなという意味で使っています。

出光は、西洋流の物質文明の行きすぎに危機を覚え、その魅力の虜になってはいけないとし、戦後の占領政策で徹底的に痛めつけられた心・精神を中心に、日本人の姿が失われていることを憂え、次のように主張しています。

「日本人が一日も早く本来の日本人にかえって、人間の真心を中心とし、人によってすべてが決する形をつくって、物の奴隷となって行き詰まっている世界の人びとに、人間のあり方の見本を提供しなければならない」

「私は、『黄金の奴隷になるな』ということと『黄金を尊重せよ』ということを混同してはいけないと常に言っているのです。金のありがたみは誰よりもわかっている。しかし、人間が金に使われて、金儲けのために人格を無視するようなことをしてはいけません」

佐三は、労せずして金を儲けることが、いかに大きな災いをもたらすか、精神のない物質万能主義が、いかに人間社会を破壊させるかを訴え続けました。

彼の理想は、清廉潔白な武士の魂を持ちつつ、同時に物質文明を尊重することでした。金や物を尊重はするが、その奴隷にだけはならないという悟りがあったのです。

経営者魂を失うことのツケは大きく、佐三の言葉は私たちの胸に重くのしかかってきます。

この章は、日本をリードし、「誇り高き日本経営」を実践してきた経営者の思想・理念、経営者として取り組むときの根本精神について、名企業家たちの語録から紹介してきました。

私たちも「誇り高き日本経営」を実践して、未来の日本を担う人づくり、国づくりのために先達経営者の生きざまを学び、それを自分のものとして磨き高め、誇り高き経営はどうあるべきかを、後世の人びとに末永く継承していきたいものです。まさに「想魂練磨行継承」です。

第七章

修行千二百日で悟ったこと

■道を求めて千二百日

私は四十四歳の夏、すべてを捨てて千二百日間山に入り、仏道の修行をしました。比叡山、高野山、大峯山などです。四国八十八箇所の千二百キロメートルも歩いて巡りました。よくみなさんから、「なぜ、その歳になって家族も仕事も捨てて、三年半も山に入ったのですか?」と聞かれます。

当時私は、「社風改革」「企業の体質転換」のコンサルタントとして、大企業の改善活動を手掛けていました。

社風を変える定石《じょうせき》は企業理念であり、経営者の思想を企業の中にきちんと浸透させ、企業の魂(カンパニースピリット)を社員一人ひとりの魂の中に宿していくことです。それによって、揺るがぬ社風・風土・体質が形成されるわけです。

この企業理念や経営者の思想の核は、仏教・儒教・神道の考え方を背景につくりあげられています。とりわけ日本の経営者の考え方の六~七割は仏教的思想の流れが核になっています。

当時私は、コンサルタントとしての深みをつけるため、仏教書を三百冊以上読みあさりました。その中には、般若心経《はんにゃしんぎょう》の解説本だけでも三十数冊はあります。しかし、仏教的な解説書をいくら読んでも、修行してその真髄を体感し悟らなければ、真の意味を把握することは難しいと思っていました。

日本人のアイデンティティ・クライシス（らしさの喪失）と言われる時代、日本の経営者やビジネスマンは、しっかりとした日本思想・東洋思想を行動のバックボーンに持って活動すべきだと私は三十代のころに気づき、企業のコンサルテーションやセミナーなどを通してそのことを訴えてきました。

まさに「経営の心と道」、つまり心を持った道を外さないビジネスを行い、それぞれの「道を深め、道を究める」ことを訴え続けていたのです。

「道心」という言葉があります。比叡山をつくった伝教大師は、「道心こそ国宝なり」と訴え、比叡山からは日蓮、道元、親鸞、栄西、法然など、数多くの鎌倉仏教の祖師を生み出しました。

「道心」とは「道を求め道を究める」ことです。私はコンサルタント、思想家としての道を深め、道を究めるために比叡山への入山を決意したわけです。そして、当時注目を浴びていた日本一の荒行といわれた、千日回峰行者である阿闍梨《あじゃり》の門をたたき、母親も含む六人の家族を家に残し出家したわけです。

■天台・真言・修験本宗の三宗門での行

私が入門した場所は、比叡山の中でも修行地獄と言われる千日回峰行者の拠点である無動寺でした。そこに小僧として身を置くことになるのです。私は、正直言って僧になるつもりで入山したわけではありません。

先に述べたようにコンサルタント、思想家として、そして日本思想の復活の運動家として道を究めるために入山したわけです。したがって、一つの宗門にこだわり、そこに籍を置くつもりはありませんでした。

入山した比叡山は、伝教大師最澄がつくった天台宗です。弘法大師空海の修行道場である高野山は真言宗です。そして私が命をかけた荒行をさせていただいたのは修験道《しゅげんどう》の本山である大峯修験本宗です。千二百日間に三つの宗門に約一年ずつ身を置き、修行を続けました。

その三年半の間に、ざっと二十八種類の修行を行いました。自分の天性の仕事として取り組んでいたコンサルタントの仕事をいったん辞めて退路を断ち、多くのクライアントに迷惑をかけるのを承知の上で忽然《こつぜん》と山に入りました。

また、五歳から中学二年生までの四人の子供と三十代だった家内、そして八十八歳の老いた母の犠牲を払い、友人や恩師の引き留めるのもよそに入山したわけです。だから、その多くの方々への恩返しのできる成果を得て帰らなければなりません。「皆に申し訳ない」という思いとみなさんの期待を背負っての必死の千二百日修行であったのです。

代表的な修行としては、「百日回峰行」「虚空蔵求聞持法」「一千座護摩」「八千枚護摩」「八万枚護摩」「滝行」「三万遍礼拝」「断食二十一日間」「一カ月の雪中瞑想行」「四国八十八カ所歩行禅」などです。

その中で命がかかるような修行は二つあります。虚空蔵求聞持法と大峯山の百日回峰行です。雪中瞑想行も、一月の雪の中で行ったため命を削るような大変厳しいものがありました。ここではこの三つの修行体験と、それらの修行を通して何を体験し何を悟ったのか紹介していきます。

■幸福・知恵・財産を出す仏との百五十日

「空海も日蓮も虚空蔵求聞持法によって悟りを開いた」と聞いた私は、以前からこの修行に大変心が惹かれていました。

「虚空蔵求聞持法」とは、虚空蔵菩薩の真言（ノウボウ アキャシャ ギラバヤ オンマリキャマリボリ ソワカ）を連続して百万遍唱えるという修行法です。「虚空」とは宇宙という意味です。つまりこの仏さまは、宇宙に蔵、つまり倉庫を持っている仏さまです。宇宙の蔵というのは無限の倉庫です。この蔵の中から「福徳智恵」といって、幸福・財産・知恵を無限に出すということですから、私はこの仏さまとも接したくなります。

この求聞持法を行ずると、抜群の記憶力を保ち、一度聞いたことは絶対に忘れないと秘法の本に記してあったので、私はそれに飛びつきました。ただし、この行法を実施すると五感が異常に冴えわたり、自分が自分でなくなる瞬間もあるので、四人に一人は発狂する恐れがある、とも聞かされていました。

私は、「発狂してもかまわない！」という覚悟をもってこの行に挑んだのです。密教の秘法ですから、本当は秘密なのですが、みなさんにその一部を紹介します。

この行は、皆既月食の日の、月が欠ける瞬間に合わせて百万遍を満行しなくてはなりません。したがって、月食の日から逆算して五十日前から修行を始めます。それから毎日一日二万回の虚空蔵真言を合計百万回唱え続けるのです。

一万回唱えるのに約八時間かかります。この間は一切席を立つことは許されません。トイレも禁止です。それを一日二座行うと、食事や行の準備、水行などもありますから、平均の睡眠時間は四時間ほどになります。これを五十日間も行うわけですから、本当に命をすり減らす修行です。発狂するという意味も、やってみて実感しました。

この行に臨むときは、「人に姿を見せてはいけない」「どこでやっているかさえ他人に漏らしてはならない」と言われました。様々な人の想念が飛んでくると行に差し支えるというのです。私はたった一人で、山中の行場に籠りました。

行中は五穀断ち（大麦、小麦、小豆、大豆、米を食べてはいけない）ですから、蕎麦だけを食べ、ピーナッツをかじり、干し芋を副食にして、五十日間暮らしました。おかげで体重はなんと十七キロも痩せてしまいました。

食事を調節すると、欲望がそがれます。性欲はもちろん名誉欲、権力欲、物欲すべてがそがれていき、ただ最後は「命だけ残ったらいい」というような気持ちになっていきます。

食事の規制は、ただ命をつなげるだけのルールになっています。ですから、一日二食しか食べません。昼の十二時から翌朝四時までは、口の中には何も入れるわけにはいきません。

この修行は、夜中の二時からスタートします。真夜中に戸外に出て、虚空蔵菩薩の化身である明けの明星に向かって百八回の礼拝を行い、お経を唱え、真言（マントラ）を百八回読誦《どくじゅ》するのです。

人里離れて、お経と真言以外に一度も口を開くことなく二週間もすると、まるでロビンソンクルーソーのような気分になります。私は生まれたときから毎日毎日人間の声を耳にし続け、四十六年も生きてきたのに、ここにきていきなり人間の声を一回も聞かない日が五十日も続くのです。

行中にたった一度だけ、山林事業者の方（木こり）二人が近くを話しながら過ぎ去ったことがあります。人間懐かしさに、障子の隙間から後ろ姿を、眼中から消えるまで見送り、久しぶりに見た人間の姿に感動して涙を流したものです。

■死と発狂を感じ遺書を書く

四十日を過ぎると、心身の五感が冴えに冴えわたった状態になります。線香から落ちる灰の音が聞こえ、自分の衣がすれる音がとても騒がしく感じます。仏器にさわっただけで、どの部分が磨ききっていないのか、指先の感覚でわかるほどです。近眼の私の目に遠くの物がハッキリと見え、窓を開けると夕べ通ったであろう狸の臭いが鼻をつきます。

ピリピリと尖って自分を見失いそうになった私は、「ひょっとしたらこのまま山中を駆け巡って、この世に帰って来られなくなるのではないか」という不安に駆り立てられました。

そして、その場に置いてあった包丁や鉈などの刃物は、タオルに包んで崖下に投げ捨てました。自分が自分でなくなる感覚が高まってきたからです。何をしでかすかわからない発狂への不安です。死や発狂を身近に感じた私は、家族へ向けた遺書まで書きました。

こんな修行を一年に二回でよいところを、三回も行ったのです。なぜか――。

その年の六月十四日、運よく月食があったのです。月食も日食も数年に一回やってくる宇宙のドラマです。そう簡単に出合えるものではありません。

求聞持法の荒行を希望した私は、その修行法のあり方をたずねて、いろいろな僧と出会います。そんな中で、ある僧から助言を受けました。

「ビジネスの世界にいた素人さんが、いきなり求聞持法なんてやっても悟れるわけがありませんよ。どうしてもやりたいのであれば、まずリハーサルをやりなさい。実は求聞持の終了日は満月の日でもいいと、ものの本には書かれてあります。

満月の日は交通事故が多発したり、流産したり、普通の人が月を見て踊り狂ったり、いろんなことが起きます。密教は、この大自然の不思議な力をも活用して修行をするのです」

その話に私は乗りました。そして、その年の四月の満月の日に、満行するようにリハーサルを一回し、本番の六月十四日に挑むことにしました。リハーサルといっても先ほど述べたように、一回行うと十七キロも痩せて、五十日間もお経以外口を開かないわけですから大変なことです。

でも、東京で私の山の修行成果を期待して待っている支援者や家族のことを考え、どんなに厳しくとも短期間に成果の高い行に挑まざるを得なかったのです。

ところで、なぜ行を三回行ったかというと、二回目の本番の行を大失敗してしまったからです。修行の山に入ったら、そこにはラジオもテレビも新聞もありません。今日がいったい何日なのかさっぱりわからなくなってしまいます。頼りになるのはカレンダーを転記した五十日の数値表を毎日毎日消しこんでいくことです。

カレンダーの一カ月三十一日ある月を三十日とした転記ミスが原因で、私は月食の一日前日の、四十九日目を五十日目と間違えて、百万遍ではなく九十八万回で終わりにしてしまったのです。

結界（修行中はそこから一歩も出ないように張り巡らせた縄）を切り、翌日喜び勇んで下山すると、「今日が皆既月食の日ですよ」と告げられます。一体この百日間の修行はなんであったのかと、私はすっかり落胆していました。

私の師匠である竹内崇峯（高野山真言宗三千六百の寺・二万人の僧の頂点に立つ管長猊下、

座主だった方）は、私に言いました。

「覚峯、ごくろうさん、運がよかった」

私が行の失敗に愕然として平謝りにしている頭上から、運がよかったなどと言われて、びっくりすると同時に、あの九十九日に渡る苦労が甦り、複雑な感情に陥ります。

私の顔色から察知した竹内管長は続けて述べます。

「求聞持法は一般に月食に満行せよとなっているが、日食でも構わないのだ。今年は大変珍しく、月食と日食がやってくる年である。日食は本年十一月二十八日に再びやってくる。覚峯は運のいい男だ」

そんなわけで、とうとう私は三回目の求聞持法に挑むことになりました。二月の寒い時期に覚悟を決めて始めた求聞持法の満行は、十二月も近い寒い冬の日（お不動さんの日）でした。

■虚空蔵菩薩に教わったこと

この行を通じて私が何を悟ったかについても、記しておきましょう。

三回目の修行で、あと残り一週間くらいになったある日、私の心身は冴えに冴え、発狂寸前の過敏な状態になっていました。私は一瞬不安に駆り立てられました。

この求聞持法だけを一年もかけて三回もやっているわけですから、これで悟りを得られなかったら、私に秘法を教えてくれた師僧たちにはもちろん、私の帰りを東京で待っている研究所の仲間や支援者の方、家族たちに申し訳ないという気持ちがありました。

ましてや発狂などしてしまえば、とんでもないことになると、私はすがるような思いで虚空蔵菩薩に懇願しました。

「虚空蔵菩薩さまのいうところの幸福と知恵と財産を、宇宙の蔵から次々に出すには、どうしたらいいいか、ぜひぜひ教えてください」

と、懇願し祈ります。若いときに営業経験のある私は、なぜか虚空蔵菩薩と心の中で〝条件交渉〟もして訴えました。

「虚空蔵菩薩さまの教えの核となっている妙は何なのでしょうか、これを悟らせていただければ、私は下山後、あらゆる講演の場や人とかかわる中で、そのことを発信し啓発し続けます」

前置きが長くなりましたが、ここで虚空蔵菩薩の教えを述べますと、それは「それぞれの特性を生かす」ということです。こうして文字で表してしまうと、当たり前の内容のように思われますが、これは私が百四十九日間、四時間の睡眠で人に姿を見せず、痩せ細って虚空蔵菩薩さまから得た結論です。

この悟りを一言で解説すると、「人にも物にもそれぞれの取り柄、持ち味、強みがあるので、それを活かしきって生きる」ということです。水には水の特性があり、火には火の特性があります。当り前のことですが、それらの特性を活かしきった生活をするということです。

二宮尊徳も成田山に籠ってこのことを悟り、弟子とともに六百の農村を立て直し、開拓したときの話があります。「火の力を使って秋に枯草を焼き払い、水を堰き止め、一挙に堰を切り、鉄砲水を使って開墾を進めた」という話です。

火は火の、水は水の特性を活かして使うためには、様々な知恵を回さなくてはなりません。私たちは、まわりにいる人びとの特性、強み、持ち味、取り柄をどれだけつかんでいるでしょう。それをどれだけ活かしきっているでしょう。

それよりもまず、自分の特性、つまり自己の持ち味、強みをどれだけつかんでいるでしょう。特性というものは、顕在して自分が認識しているものもありますが、潜在していて新たな場で異なった活動をしない限り、それが表出し発揮できないものもあります。

私たちは自己の特性、身近な人の特性をしっかりと理解し、それを発揮させ続ける、まさにそのものの持つ「いのちを輝かし続けて生きる」ことが大切だという百四十九日間の悟りです。

■四十八キロの山道を百日歩く

私が千二百日の修行の中で一番厳しかったのは、大峯山の百日回峰行です。この修行で私は二十三キロも痩せてしまいました。とてもきびしく過酷な修行です。

この行は、千本桜で有名な奈良県の吉野から大峯山頂までの片道二十四キロメートル、往復四十八キロメートルの山道を百日間往復する修行法です。吉野山は海抜三百メートルほど、大峯山頂は千七百十九メートルですから、その差千四百メートルもあります。吉野の気温が三十度のとき、山頂は十五、六度ですから、温度差十五度のところを毎日毎日往復します。

若いときならともかく、私は四十六歳の六月六日から九月十三日までの百日間の行であり、いま振り返って、こうして筆を走らせながらも、あのときの苦しみが甦ってペンが重くなります。

この行は、毎日深夜零時に時計のベルが鳴るところからスタートします。零時起床で滝を浴び、本尊にお経をあげ、真っ白な行衣（ある意味での死装束《しにしょうぞく》）に着替えます。そして宿舎から三百メートルほどの階段と坂道を駆け上がり、本堂の蔵王堂に着くと、真夜中の二時です。

お経をあげ、二時二十分に吉野山をスタートすると、大峰山頂には十時十分に到着します。山頂の本堂でお経をあげ、食事をすませ、下山し、本堂に到着するのは夕方の四時半になります。なんとしても四時半にはたどり着いてお経をあげないと、本堂蔵王堂の扉は閉まってしまいます。

それから急いで風呂に入り、痛んだ足を揉み、汗でびしょぬれの白い行衣を洗濯し、夕食をすませて宿泊場所に駆け戻り、布団に入るのはギリギリ七時半か八時となります。毎日四時間の睡眠で、四十八キロメートルの山道・けもの道を往復するわけです。

この修行を成し遂げるには、徹底した自己管理力ですべての行為、行動をコントロールしないといけません。めげそうになる自分の心に克ち続ける克己心がないと、危険な岩場から転落し、命を落としてしまうことにもなります。

一日の最初に鳴り響く時計の音で始まり、何時何分に滝行、何時何分に出発、何時何分に岩の鎖場到着というように、ポイントポイントを分刻みで通過していかないと、夕方四時半には戻って来られません。徹底した「時間管理力」が身につきます。

そのためには、たとえ疲れた身体であっても、毎日毎日同じように体を動かし、足を運ぶ「行動管理」が第一です。そしてめげそうになり、投げ出しそうになる心をコントロールする「精神管理」の力がないと、百日間も続けられません。

■「行不退」だからやめられない

私たちは、白装束の上に黄色い腰紐を巻き、短刀を持ちます。山や岩場で強風に出合ったときに身体を括りつける腰紐であり、猪や熊などの獣に出合ってもしものときに使用する短刀でもあります。

山の行者のルールに「行不退」というものがあります。一度決意して始めた修行は、どんなことがあっても「不退」である、つまり退いてはならないということです。なので、「その修行をやめるのであれば、腰紐で首をくくるか、短刀で自決せよ」という厳しい掟なのです。

さすがに平成の時代に自決は強要しないでしょうが、そのくらいの心構えでやらないと、この厳しい行は満行できないというわけです。

私が百日回峰行でお世話になった山伏の専門道場「大峯修験本宗」の宗是に、「苦修錬行」というものがあります。文字通り「苦しみを修め、行を錬り込め」というわけですから、この四文字は大変重い意味を持ちます。

さて、尾籠《びろう》な話で恐縮ですが、この百日間の修行中に私は食べ物が悪かったせいでしょうか、二度ほど下痢をしました。山中で用を足さなくてはなりません。白装束の修行用の装備をほどいて用を足し、また正装し直すと、十五分くらいは経過してしまいます。その十五分を取り戻すために、あとは山中を走り続けなくてはならない日もありました。

このようなことが起こらないように、日頃から徹底した「健康管理」をしないと、目標通りの修行生活を送れないのです。私がこの百日回峰行を通して身につけたものは、徹底した「目標管理」「時間管理」「行動管理」「精神管理」「健康管理」の五つの管理力であったということになります。

読者のみなさまも、この五つの管理項目をしっかりと修練することにより、どの業界に身を置いても超一流になれることは間違いないでしょう。

■錬行すれば苦しみは感じなくなる

私が大峯百日回峰行でお世話になったのは、山伏《やまぶし》たちの本山である大峯修験本宗です。ここの僧達は有名な「大峯奥駈修行」「三千仏礼拝」「一千座護摩」など厳しい行を淡々とこなします。まさに宗是にある「苦修錬行」を涼しい顔でこなす宗風がありました。

私の回峰行を指導してくださったのは、この山で千日回峰行を満行された、柳澤眞悟阿闍梨です。悟りきったお顔の阿闍梨は、どんなに厳しいことであっても、険しい顔一つ見せずに、さわやかに淡々とやってのける方です。

私の取り組んだ往復四十八キロメートルの山道も、二週間はとても苦しかったのですが、体が山に慣れてしまうとだんだんと楽しくやれるようになりました。百日の間に、台風が二度もやってきました。二度目のときは、強風に立ち向かう自分の姿になぜか行者魂が燃えあがったものです。

私はこの寺風で、「修行はどんなに苦しくとも、錬行を重ねているうちに慣れ、苦を受け止める要領が身につき、苦を感じなくなるものである」ということを学びました。

百日で二十三キロ痩せ細った私は、七十日を過ぎたころから背中と腰の筋肉が落ちて、腰に激痛が走り、急な道を下りることが困難になりました。

修行の総監督であった五條副住職は言うのです。

「市川さん、『行不退』です。満行後は東京の一流の外科病院に入院してもやむを得ませんが、ここは何が何でもやり遂げてください。その痛みはあなたの業です。過去からの『罪障消滅』の過程なので、乗り越えるしかありません」

私も生まれてこのかた多くの罪をつくってきたので、それがこの行で一挙に消えるのならありがたいと思い、精神力を振り絞り、百日の満行の日を迎えます。

百日の間、四十八キロの山道を夜中の二時から夕方四時半まで歩き続けました。「道中無言のこと」の掟に従い、お経以外は一切口は開けません。山中に約三十カ所ある「なびき」というパワースポットでお経と真言をあげながらの回峰です。

このような行のルールの仕組みの中に身を投げ入れての活動を始めてしまったわけです。「行不退」ですから、いったん始めたらそこから外れて自分のペースでやるわけにはいかないというわけです。

人間は誰しも、それほど強いものではありません。心のどこかに、なるべく楽なほうに、ゆるい方向に行こうとする心を持っています。しかし、このように「行不退」の厳しい仕組みや風土の中に身を投じてしまえば、艱難辛苦をこなさざるを得ないわけです。

私はあえて、こうした苦の中に飛び込み「苦修錬行」を重ねざるを得ないしくみの中に身を投げ入れて、腹をくくり、胆を鍛えなくてはならない。それによって人間力を向上させていくことが大切なことであると、今までに経験したことのない激痛を身体に感じながら、悟っていったものです。

■雪の中に座り続けて一カ月

私の千二百日間の修行の最後は、大峯山中の玉置神社（奈良県十津川村）での「雪中行」でした。一月の真冬の雪の中で、朝六時から夕方六時まで一カ月間瞑想を続けるのです。ここは海岸に近い場所で、山に吹きつける暖かい風が雪を溶かしたり降らせたりします。

朝から夜まで一カ月間も座っていると、今朝は雪がないと思っていても、午後になってしんしんと降り出し、透明のビニール合羽に二センチ、三センチと積もっていきます。でも、ひたすら座り続け夜を迎えます。

そして翌朝行ってみると、海から吹き寄せる暖かい風で、もうすっかり雪は溶け、黄色い地面が顔を出しているという状況が繰り返されます。

私の座っている前には、大きなまん丸の石が安置されています。一メートルほどの半円形の石です。神社の伝説では、宇宙からきた石といわれています。その左右には、樹齢四、五百年の大杉が二本立っています。私は、玉石というその大石に向かって座し、祈っていたのです。

三十日にわたる満行の日が近づいたある日、ふと目の前の石や杉と一体になる感覚を味わいます。つまり大杉の中に自分が入り込み、大杉の側から目前の四、五メートル先のところに座っている自分を見るという感覚です。

四百～五百年もそこに座している杉の立場になって私を見ると、わずか一カ月くらいの間座り、「今日は暖かくて具合がいい」とか「今日は大雪で大変だ」などと、毎日無常なるものに一喜一憂している自分がばからしく映りました。

「無常」、つまり常で無いのです。すべてのものは変化します。私が雪だと思っていたH_2Oは、そのうちに雨となり、翌朝は氷となっています。

すべてのものは移り変わり、季節も天候も、人の心も、景色も、経済も、はたまた家だと思っていたものまでもひとたび地震が起これば瓦礫の塊となり、町だと思っていた商店街は津波に持っていかれ、単なる平原の地となってしまいます。

　すべてのものは常でなく、移ろい変わっているもの。移ろいやすいもののたとえで、昔から「女心と秋の空」と言いますが、男心だって雲の流れのように次々と流れ変わっていくものです。すべての悩みや苦しみは、きっと無常なるものに向かって「変わらないでほしい！」と無理な思いをふっかけていることから始まります。

　女性が「彼の愛が変わらないでいてほしい」と思っていたにもかかわらず、彼は他の女性に移っていってしまったという話や、子育てに夢中になって夫に対する心が薄らいでしまったときに、夫の心も寂しくなって若い娘に心が移りゆき、離婚に陥ったなどという話はよく耳にします。

人間関係のトラブルの多くは、無常なるものに向かって、「変わらないでほしい」と願う身勝手さによるものです。信頼していたお客様が競合相手に取られても、頼っていた部下が突然転職してしまっても、決して落ち込むことはありません。

物事はすべて無常であり変化するのが当たり前で、その変化にどう対処、適応していくかが大切なのです。相手も変わり自分も変わる空なるものに、こだわり執着していてはいけません。

あなたも、部下も、自然も、常に変わっていく「空であり無常なるもの」なのです。だから、それに執着してはいけません。私のここでの悟りは、「空（相手）空（自分）無常無執着」ということでした。

■千二百日の悟りは「想魂錬磨・行継承」

私たちはいったい、何にこだわり、何に執着すべきなのでしょうか。私はその玉のような大石の前で、数日間考え続けました。そして得た結論は、『想魂錬磨』という悟りです。

「こだわるなら、想いと魂だ」ということでした。

「想い」とは、こうしたい、ああなりたいの想いであり、それは志でもあり、理念でもあり、ミッションでもあり、ビジョンでもあったりします。

想いは、単にふと思う「思い」ではなく、明けても暮れても想い続けるほうの「想い」です。その想いを錬磨することです。つまり、想いを錬りあげるわけです。もし、あなたの思うことが未だに実現できていないとすれば、それは想いの錬磨の量が足りないのだと思います。

錬磨とは錬りあげることですから、想いを錬りあげ続けたら、「引き寄せの法則」であなたの強い想いによって成就することでしょう。

日本人は、心と魂を区別して使います。「女心」とは言いますが、「女魂」とは言いません。「大工魂」とは言いますが、「大工心」などと言ったら、頼りない大工のイメージになって気持ちが悪い感じがします。

組織にも魂があります。会社の魂のことをカンパニースピリットと言います。松下（現パナソニック）の「商人魂」、ホンダの「技術屋魂」、「コカ・コーラマンスピリット」「ソニーマンスピリット」と言われるようなものです。

その魂を徹底して錬磨することが大切だと、私は玉置山の雪中行で悟ったのです。経営者魂を磨き高めること、つまり「想魂錬磨」が大切なのです。

■世界から崇められる国風づくり

実は、本書は私の悟りの内容である『想魂錬磨・行継承』の考え方にもとづいてすべてまとめられています。

経営者はどんな想いを持ち、どんな志を掲げて経営しなくてはならないかについて、「東洋思想」「日本思想」、そして日本人がもともと持っている「日本の美しい心」にもとづいて書いてあります。

日本を経済の面から支えてリードした、日本を代表する、日本を誇る経営者、松下幸之助や土光敏夫、そしてカルピスの三島海雲、ホンダの本田宗一郎、ソニーの井深大たちは、どんな想いで企業経営を行ったのかを紹介しています。

経営道とは、そうした「想い」や「魂」を自己の身体の中に確立して、それを錬磨していく過程を言うのです。

そして、磨き上げられた魂を輝かせて生きる、「いのち輝かせて生きる」ことが、より幸せな人生を歩み、周囲の人びとを幸せに導く道なのです。

私たちは、ここに紹介している経営者の思想を、次代に継承していかなければなりません。各企業は、その創業者の想いや魂を、行動・行為をもって身につけ、またそのことを行為・行動をもって自らが手本を示し、後輩や部下たちに継承していかなければなりません。これが「行継承」であると私は悟りました（行為をもって継承するので〝行〟継承なのです）。

このように先達経営者・先徳経営者たちの「想魂」を私たちが受け継いで錬磨し、行為行動をもって継承し続けることにより、企業は未来永劫繁栄し、そうした企業の総和が日本の未来を光り輝くものにしていくわけです。

「一燈照隅、万燈照国」と言います。経営者一人ひとりがそのことを行い、一社一社がそれを実践し、組織の魂づくりをすることによって、揺るぎない社風が形成されます。

それがやがて、この国の「国風刷新」に結びつき、世界から敬愛され、世界の人びとから崇められる国となります。さらには世界の人びとの魂さえも導くような国柄、国風がしっかりと形成されていくことを私は願ってやみません。

これらのことこそが、私の千二百日間にわたる修行から得た想いなのです。

第八章

人間力を高める修行法

■いま人間力で差別化するとき

企業は、商品・サービスの差別化から、人間力で差別化する時代に入ってきています。それは成熟社会の成熟企業においては、「成熟人間」が求められているからです。

成熟人間、いわゆる人間力・人間性の高い社員がたくさんいる成熟企業は、お客様の好感度も支持率も高く、人気を呼んでいます。資生堂の前田新造前会長が、「魅力ある人間で会社を埋め尽くす」といったことからも、その意味が理解されます。

さて、この「人間力」とは何かについては、様々な意見が多くあります。

私の協会には経営道協会という「道」という文字を使っています。昔からこのように「道」のつく道場は、茶道にしても、華道にしても、また剣道から弓道にいたるまで、それを習うことを通して人間力をも高めることをねらっています。

お茶のお稽古を毎月一回、何十年もやり続けているということは、お茶を通して自己の人間性、人間力を向上させようとする修行をしているのです。

昔から職人たちが使う「修業」も、単に匠の技を磨くだけでなく、挨拶や礼儀をはじめ材料や製品に向かう姿勢など、人間力も合わせて高めようとしているものが多いようです。

ましてや僧の修行ともなると、単にお経の読み方、葬儀の仕方の作法、法事の方法の習得に留まることはありません。朝から夜まで作務《さむ》をしたり、座禅をしたり、読経をしたりして修行を重ねます。

なぜなら、彼らは若くして法事などで多くの檀家さんの前に立ち、法を伝え導くこともあるわけですから、人びとから尊敬されるような人間力、魅力を身につけていなければなりません。「あのお坊さんの話なら、受け入れよう」と信頼を得られる人間となるための修行を行っているのです。

「道」とはその活動を通して人間力を高めるものなので、経営道は経営活動を通じて経営者としての人間力を高めていかなければならないわけです。

宮本武蔵が「剣術」から、科学的手法で相手を倒す「剣法」を編み出し、巻物（マニュアル）にして残してから後は、「剣道」つまり剣を持つ人間として生き方、あり方の道を究めようとしています。そのために武蔵は、座禅をしたり滝行を重ねたと言われています。

晩年に彼が書いた『五輪書』の中には、「たらいに水を汲んで手前に水をかき寄せると水は先端の方向に行くが、先端のほうに水をかくと水はやがてこちらに向かってくる」という、いわば「自利利他」の心を記しています。

武蔵は剣の道を究め、剣道としました。「道」という文字が使われると、その人の生きざまや考え方、人間力が焦点となってくるのです。

私は、「経営道の企業家たちは、まず自己の理念・哲学をしっかりと確立して、その方向に向かって日々修練しなくてはならない」と語っています。また、「人間としての生きざまや、人としての在り方、そしてまわりの人びととの望ましい関わり方や態度を身につけなさい」そのために「日本を代表する先達企業家の理念・哲学を手本にしなさい」と言っています。

この本ではそうした企業家としての生きざまや、仕事への姿勢、理念・哲学を紹介してきました。「道を求め、道を究めよう」としている経営リーダーのみなさんは、本書を通して先達・先哲の生きざまを大いに学んでいただきたいものです。

■人間力を磨き肚を鍛える

人間力については、「人間の器のこと、度量のことである」とか、「その人物からにじみ出てくる魅力のことである」とか、様々な意見があります。経営者に関しては、「言葉少なくして相手を動かしてしまうような、語らぬ感化力が大切である」という方もいます。

昔から、人の上に立つ指導者には、知識・見識・胆識が必要だと言われ、肚がすわり器が大きいことが強調されています。「男たるもの肚がすわっていなくてはならない」肝《きも》っ玉母さんが頼りになる」「器とか包容力は、腹の大きさを言うのだ」などと語る人もいます。

私は「知・情・意」のバランスが大切だと思っています。

しかし現実の企業社会を見ていると、若い年代では頭が切れて知力のある人間が便利に使われます。女性の方々には情の深い優しいリーダーが人気があるようです。「あの男は頭がよくて優しいけど……」と言われながら、頭がよくて優しいだけの男は、大将にはなかなか選ばれないのが現実です。

自分なりの信念・理念をしっかりと持ち、腹をくくって艱難にも立ち向かい、筋を通し、志を貫いている。そうした人は胆も据わり、受容性・寛容性も深く、何があっても揺るがない不動心を持ち、何事にも創造的・挑戦的に立ち向かっています。

昔から、「徳人は才人を使えるが、才人は徳人を動かせない」と言われているように、徳のある肚のすわった人となると、意を中心にして情も深い人間であり、まわりにいる頭のいい人間が喜んでついてくるようなリーダーが望ましい、となりそうです。

ＩＱ（intelligence quotient）が高い人も壊れる時代であり、ＥＱ（emotional intelligence quotient）が高く、優しく、気配りのできる人も大切ですが、最後に頼れるのはどうやらＳＱ（spiritual quotient）の高い、肚・腹人間ということになるようです。

世の中は知識を詰め込む研修、頭のトレーニングをするセミナーは、数知れずあります。情を深める心のトレーニングも行われてはいます。しかし、最も重要な肚を鍛え器をつくるトレーニングが世の中にほとんどありません。

この肚のトレーニング、器人間にしていく訓練が、古くからある山での「修行」です。私も三年半にわたり比叡山、高野山、大峯山などで山の修行を積み重ねてきました。僧の世界で千数百年受け継がれてきている修行の方法です。

一般的には、座禅に代表される瞑想法がよく知られてはいますが、山伏たちが行っている「登拝行」や「回峰行」は、山の中のパワースポットを巡りながら行う「歩行禅」です。彼らは「滝行」や炎をあげながら瞑想状態に入っていく「護摩行」を好んで行います。

私は自分が経験した千二百日間にわたる修行体験の中から、一般の経営者やリーダーの方々でも簡単にできそうな修行法だけを組み合わせ、「スピリットトレーニング」と称して霊山に案内し、修行体験をしてもらっています。

私が修行した天台宗、真言宗、修験本宗の三宗門の体験から肚をつくり、器をつくるトレーニング法を編み出して実践を繰り返し体系化したものです。今までに延べ千二百人以上のリーダーたちの人間力をつくるトレーニングを二十年にわたり重ねてきました。

以下に、その肚づくり、器づくり、人間力向上の修行法（スピリットトレーニング）についても紹介していきます。

■悩みを行動エネルギーに換える

悩みのない経営者はいません。経営者の志や想いが高ければ高いほど、悩みは大きなものとなります。大きな希望も目標も掲げず、日々生活できる範囲の売上で細々と生きるのであれば、悩みもそれほど大きくはならないことでしょう。

志を掲げて「わが社の製品を通じて、障がい者の不便さを解消する」とか、「業界のリーディングカンパニーとして、今までの方式を大きく変革していく」というように、「世のため人のために、会社の活動を通じて、このように貢献する」と高い志やビジョンを掲げて大義を明確に打ち出したとき、ありたい姿、望ましい状況と現状の実態とのズレが明確になり、解決すべき問題や悩みも大きくなっていくというわけです。

こうした悩みや大欲を行動のエネルギーに転換し、心のモヤモヤを取り除き、魂のパワーアップをしていくためにも、山の修行は有効なのです。

私と一緒に山の修行に同行された方々に、何を目的に山に行くのかと尋ねると、次のような答えが返ってきます。

「自分の能力やパワーを、より大きくしたい」
「自分の潜在力を全開にし、自分の限界を押し上げたい」
「マンネリや沈滞を打破して、職場に新風を巻き込むきっかけをつくりたい」
「人間力を向上させ、もっと自分の魅力をアップしたい」

なかには「本当の自分を発見したい」という方もいます。そんな目的を持って来た方々は、「今の自分が本当の自分なのだろうか」「自分の中にもっと違う自分が潜んでいるのではなかろうか」と、深い問題意識を持っている人です。

仏教では「悉有仏性《しつうぶっしょう》」といって、仏の性を持った自己が心の奥底に潜んでいると考えるので、もう一人の自己（真我）が修行によって覚醒されていくことは確かです。

人里を離れ、深山幽谷《しんざんゆうこく》に心身を委ねてみる、つまり非日常の場に身を置いて、日常の自分を見つめてみれば、これから自分が進むべき新しい道が明確になっていくというわけです。

■山の修行は何をねらうのか

山の修行（スピリットトレーニング）のねらいを要約すると、次の四つになります。
一、直観力・感性を磨き、正しい経営の方向性を見定める。
二、トップとしての肚をつくり、不動心・平常心を身につける。
三、知恵を出す力・胆識・潜在能力を開発し、エネルギーを高める。
四、真の自己（真我）を発見し、新しい生き方の方向性をつかむ。

修行により自社の進むべき方向、新たなる志や生き方がつかめるというわけです。それにより、自己変革のシナリオをつくっていくことができます。

修行を通して、みるみる活性化していく力の第一は、「直観力」です。これは説明抜きで感じ取る力です。次に「洞察力」。これは見透かす働き、見抜く力です。

また「ひらめき力」「インスピレーション」も身につきます。これは瞬間的に思い浮かび、湧き上がる「発想力」「想像力」です。

さらに「機転」の力も高まり、よく気がつき気配りできるようになります。

しかし、なんといっても修行は肚づくり、器づくりと言われているように、「胆力」が大切です。これはどんなことがあっても揺るがない「不動心」や「平常心」を養います。

■修行の道場はどこがいいのか

修行する場所は、霊山が望ましいとされています。大峯山、荒船山、戸隠山、四国の石鎚山などは古くから霊山と称され、山岳修行のメッカとなっています。

若い女性たちが「パワースポット巡り」といって霊山小旅行している場所も、こういった場所のようです。パワースポットと呼ばれる場所は特殊な霊地であることが多いようです。なかには「磁石が北を向かない」とか「腕時計が止まってしまった」というような強烈なところも存在します。

霊山の地下には、ラジウムなどの特殊な鉱石があるのではないかと言われています。ですから街中のビルの中で瞑想するのと、霊山のパワースポットで瞑想するのとでは、効果がまったく違います。

山伏たちは、そうした霊山に入って修行することを「入峰抖擻《にゅうぶとそう》」と呼んでいます。抖擻というのは、犬が雨にあったとき、身体をぶるぶるっと揺すって身体についた水滴を振り払うように、人の心にたまった塵や垢を揺さぶり落とすことを言います。

平安や鎌倉時代よりプロの修行者である山伏たちは、こういう霊地（パワースポット）を好んで巡り、そこで瞑想や読経などをして修行しています。その場所で行うことの効果を体感しているのです。

ところで、人間の心は「清浄」な状態が望ましいと言われています。清浄のイメージは、曇りのないお月さまのような状態です。しかし、人の心の月は日常生活の中での悩みや怒りや恨み、時には嫉妬、焦り、悲しみなどの感情によって、まるで満月に雲がかかっていくように淀んでしまいます。心の淀みを晴らし、本来の清浄さを取り戻すことにより、その人の持つ潜在能力を発揮させるために修行はあります。

先ほどの霊山・霊地は、心の月にかかった雲（塵、垢）を祓い落としやすい場所なのです。だから私も、霊山のパワースポットまで足を運ぶことの効果を強調し、それをすすめています。

忙しい日々の中にあっても、時にはこうした静寂な霊山に身をゆだね、修行体験の中で自己の不屈の精神力を磨き、行動変容のきっかけをつかむことが大切です。それによって「これが自分だ」と思っている自分が真の自己ではなく、もう一人の自己（真我）を発見できるのです。

霊山で修行することによって、心が曇り魂がパワーダウンしている状況から脱出し、自己の潜在エネルギーを最高度に高めていくことができるわけです。

清浄なる状態、ピュアな状態で、自分や自分を取り巻く周囲の状況をしっかりと見つめ直すと、歩むべき正しい方向を見定めることができます。

■自己を清浄・無垢な状態に置く

自己を見つめるには、①まず清浄な状態、無垢な状態に心身を導くことです。

そして、②自分とは何か、いったい何をしているのかを考え、③次に自己の心を見つめ直します。自分は何を考え、心は何を求め続けているのかを深めて考えてみることです。そして最後に、④隠された心（仏性）を見つめるというステップに段階的に入っていきます。

心が無垢で清浄な状態が続き、瞑想をすることにより頭の中が空っぽになり、アルファー波やシータ波が出始めると、心の深いところにある仏さまの性《さが》を持った自己が覚醒されてきます。

そうして表に出された仏さまのような心は、悟っている心ですから、何が正しくて何が望ましくないのか、正邪の判断が一瞬にしてできるようになるのです。

仏さまと同じ心（采有仏性）になるわけですから、我欲を離れた清浄で純な心で、あらゆることを判断できます。

一度でも仏さまの心と出合う体験をすれば、仏さまの心がこれからの自分をリードしていってくれます。仏さまの心を持った上で、現在の自分が行っていること、行おうとしていることを見つめたとき、明確になるものがあります。

「自分は何のため、何を実現するためにこの世に生まれてきたのか」「自分の使命・天命はいったい何なのか」を、はっきりさせることができることでしょう。使命とは、自己の価値（経験・知識・体力）を使って人世のために尽くすことです。自己の天命・使命に気づいていくことにより、残された人生が大変意味深いものになっていくことは確実です。

■修行ではどんなことをするのか

修行に入ったら、まずは日常のすべてを断ち切り、頭を空っぽにすることです。知の動き、情の動きをすべて止めて、ひたすら丹田《たんでん》に力を集中し、雑念を取り除いて無となることです。

次に「禅定《ぜんじょう》」、つまり瞑想の状態に入り込んでいきます。今まで波だっていた脳波は静まり、脳の中にアルファー波が出て、βエンドロフィンという脳内モルヒネが分泌され、インスピレーションが得やすくなります。これを進捗度でみると、次のようになります。

レベル1　心身が清浄になる。

レベル2　心や魂が解放される。

レベル3　天からのインスピレーションを受け止めやすくなる。

レベル4　もう一人の自己の存在（自己の中の仏・真我）に気づき、それと交流できるようになる。

その標準的な修行法を記しておきます。

①瞑想　大自然の呼吸と合わせるようにイメージして瞑想し、心の中の暗雲を払い除きます。

②歩行禅　歩きながら姿勢と呼吸と想いを整え、瞑想状態に入り込み、心身を清浄化します。

③観想　想いを高め、あることをイメージして全身を集中し、自己の潜在能力を開発していきます。

④あ息観　山中で腹の底から「あ〜あ〜」と大きな声を出し、口から吐き出す、「あ」の音と「あ」の文字に心を集中して無の境地に入ります。
⑤回峰行　山の峰や尾根などパワースポットを巡りながら大自然のパワーを獲得し、潜在能力を蘇らせます。
⑥捨身行　岩場などから身を投げ出し、死の体験を味わって再び生き返り、命の尊さと生かされていることへの感謝の気持ちを高めます。
⑦唱える　真言（マントラ）を唱え、心を空にし一点に集中して魂のエネルギーを備えます。
（※密教ではこのほかに「月輪観」「あ字観」など数々の修行法があります）

■自分が変わればまわりも変わる

いったん修行に取り組んだら、行者になりきって、行にはまりきることが大切です。ひたすら集中して無我夢中となり、一所懸命取り組むことです。自分に甘えず、自分との戦いとなります。

何人かで一緒に修行をする場合もありますが、まわりに人がいたとしても個人の行であることを忘れないようにします。決して集団やグループで何かを達成することが修行ではありません。個人の行であり、自己の心の中との戦いです。そして自分の中の何かを変えていくことです。

行中の留意点としては、まず日常の一切を断ち切り（携帯電話やスマートフォンとの距離を置く）、天と言われる大いなる存在（神や仏や祖先など）を信じ、自己を委ねてみることです。

次に、感謝の心をもって臨むことも大切です。修行をさせていただいていること、修行をする縁に出合ったこと、修行のチャンスをつくってくださった家族や会社のメンバーへの感謝の念をいだいて進めることにより、清浄な心を保ち続けることができます。

さて、私の実施している山での修行スピリットトレーニングの参加者には、経営幹部の方々が多いのですが、彼らは自分の会社をなんとかいい方向に変えたいと願っています。そういう方々に私から贈る言葉があります。それは以下のものです。

「私が変われば会社が変わる。私が変われば家族が変わる」

心のどこかで、相手を変えようとしていませんか。相手を変えたいと思う前に、まず自分が変わることです。人と人はかかわりの中で生きています。自分が変わることで、相手との心理的・物理的・波動的関係が変わります。

相手は変えられるものではなく、変わるものです。自分が変われば状況が変わり、状況が変われば相手が変わることにつながります。

■心が揺れたら非日常に身を置く

日常活動の中で、思いがけず心が揺れ動いたり落ち込んだりしたときの対処法を修行の切り口から記しておきましょう。

そんなときは、しばらくの間、非日常の場に身体を移し、心を清めることをおすすめします。日常生活の中で心が波立たず穏やかな状況を常に保つことは大切ですが、必ずしもそうはいきません。心が波立たず、摩周湖《ましゅうこ》の湖面のような状況を日々保ち続けたいものです。水面に波がなければ、まわりの景色がそのまま映し出されるように、自分の心が穏やかであれば、すべてのものは客観的に映し出され、冷静な判断ができます。

心が大きく揺れて波立ち荒れていれば、物事を冷静に判断し確信をもって決断することはできません。穏やかな心を保つには、外界の刺激に少々合っても、それによって波立たない心の体質にすることと同時に、もし波立つようなことがあっても波立った心を冷静にして、明鏡のような心を取り戻す方法を持っていることが必要です。

この穏やかな心を取り戻すには、まず静寂な場に身を移して瞑想することです。日常の活動から少し離れて心の波をしずめるには、近くの座禅道場などに行くのが望ましいのですが、必ずしもお寺がいきなり受け入れるとは限りません（寺では予約が必要などと言われます）。仕事をしていればお得意先のトラブルや事故などで、急に心が波立ったり落ち込んだりします（予約はできません）。そんなときは、神社仏閣などの霊地か、緑の多くある場所、川のせせらぎの聞こえる場所などへ行くことをおすすめします。

静かな場所で二〜三時間瞑想すれば、静寂な心に戻るはずです。安定した場所に座り、背筋をピンと伸ばして、地球に根が生えたようにドカーンと座します。そして、目線を一メートルくらい前方に落とし、肩の力を抜き、呼吸を深くします。腹式呼吸です。

胸に入れた空気はいったん腹に落としてください。できれば丹田というおへそから三、四センチ下のところまで空気を入れるつもりで、下腹を膨らませてください。吐く息は細く長くします。

そして呼吸の数を数えます。吐いて吸ってのワンサイクルで、「ひと〜つ」、また吐いて吸って「ふた〜つ」、そして「み〜つ」「よ〜つ」と数え、十まで行ったら、また一つに戻ります。これを繰り返すことを「数息観」と言います。

数を数えることに集中して、雑念を取り払います。瞑想するときは、知の動き（考えること）、情の動き（イライラやモヤモヤ）を一切止め、ひたすら肚に集中します。

森林で小鳥のさえずりや虫の声、風の音が聞こえる場所に行ったら、身体全体がマイクロフォンになったようにイメージしてください。あなたのまわりにあるすべての音を、毛穴から身体に入れるような感覚で、耳をそばだててください。まわりの音に集中し、雑念を取り払います。これを「音集法」と言います。

小川のせせらぎの場所や滝のそばなど、一定の安らぎの水音のする場所は、とても効果があります。その音に集中して心を落ち着かせます。

座禅道場などのそばには池があり、水の落ちる音が聞こえるようにしているのは、繰り返される一定の水音が人の心を静め、アルファー波を出し、脳内モルヒネといわれるβエンドルフィンが出やすい状況がつくりやすいからです。

時には、人里離れた寂れた旅館の狭い部屋に籠るのもおすすめです。その部屋から聞こえる川の音や古びた柱時計の音などがあれば、集中するために活用すると意外と効果があるものです。

以上、日常から非日常の静寂な場所に身を移し、瞑想をすることで心の波を収める方法を紹介しました。

■抵抗しない心をつくる

大風が吹くと、小さな雑木の枝葉は揺さぶられ、乱舞して激しく踊り狂います。一方、大杉たちは根を張り幹が太いので、決して大騒ぎしません。経営者も、激しい環境の変化に出合っても、心を揺さぶられ右往左往することなく、落ち着き払って構えていたいものです。大地に根を張った大木をめざすには、やはり修行による肚づくりが大切になります。

杉たちは大きな風に揺さぶられるたびに、幹を太らせ大地に根を張る努力をしたに違いありません。我々も、艱難を避けるのではなく果敢に立ち向かい、好んで受け入れて、自己の人間づくりを日頃から行っておくことが大切です。そうした心づくり、肚づくりをする上で、山での修行（スピリットトレーニング）は大きな意味を持ちます。

苦修錬行の人生経験を数多く重ね、艱難辛苦を乗り越えた人間は、腹の座った揺るがぬ心を持っていますが、普通の人はなかなかそうはいきません。であればこそ、二～三日の間は「隔離」された場所に移り、「仕組化された行法」により集中して、それを成し遂げようというのです。

東日本大震災のとき、私の友人が経営する食品会社は、十ある工場のうち九つが波にのまれてしまいました。創業者であるお父さんが息子である若社長に向かって、「海を恨むな、波を悔やむな。覚悟せよ、腹をくれ」と諭したと聞きます。

さすが腹の据った創業企業家らしい発言です。どうすることもできない現実、変えられない事実に対して、どんなに心で抵抗したところで何も始まりません。自己の心が荒れて落ち込むだけです。大自然を責めても、人の心の変化も責めても、何も変わりません。

心変わりした取引先のことを恨み、悔やんでも変わらないものは、変わりません。ドルと円との相場も生き馬の目を抜くように変化します。自分がいくらわめき散らしても、変えられないものに心で抵抗しても無駄なことです。

起きてしまっている事実をあるがままに受け入れ、寛容の心を持ち、流れに身をまかせ、流してみる。自然体の心、そんな心の体質を日頃から修行で意図的につくり込んでおくことは、人の上に立つリーダーの方々には大切なことです。

■愛情発信できる貯愛池をつくる

ものは豊かになったけれど、心の貧しい日本人が増えたと言われています。明治維新の時代、大正ロマンの時代、そして戦後の昭和時代のほうが、今より希望も夢も幸せ感も高く、物はなくて貧しかったけど心は豊かだったと語る人が多くいます。夢を描き、ときめいて感動が渦巻く体験が少なくなってしまい、人生が薄れてきているのではないかと語る人もいます。

少ない食事で満腹感が味わえる体質の人がいます。いくら食べても、もっと食べたい人もいます。喜びも幸せ感も同じです。小さな喜びで心が満たされる人もいれば、いくら愛を送っても、愛の吸血鬼のように満たされることのない人もいます。

人は修行を重ねることにより、常に満たされ幸せ感をもって日々を暮らせる体質に変わることができます。修行することにより、水をため込む大きな貯水池ならぬ愛をため込んだ貯愛池を持つようになれるのです。それにより周囲の人々に限りなく愛情発信ができて、人びとを幸せに導けるというわけです。

第九章

仏教に学ぶ経営リーダーのあり方

■仏の真似をして仏になる

仏教の教えには「顕教《けんぎょう》」と「密教」があります。

顕教は、仏になるための教えで、一歩一歩修行を積み重ねて仏に近づこうとします。山登りにたとえるなら、麓から一歩一歩、頂をめざして登りつめていく、そしていつか山頂にたどり着き、仏のような自分を完成しようとするのです。

密教は、いきなり山の頂からスタートして、下山するような修行法をとります。密教は、仏になって生きる教えです。つまり、仏の真似をして仏になったつもりで生きる修行法なのです。

そのため密教は、自分の身体をいきなり仏と合体させてしまうような方法をとります。例えば、仏さまを祈るとき、仏さまの中に自分が入っていき、仏さまが自分の中に入ってくるというように観想（イメージ）します。これを「入我我入」と言います。

息を吐くときには、自分が仏の中に入っていくというような想いを高め、息を吸うときには、仏が自分の胸の中に入ってくるように観想するわけです。

これを繰り返しているうちに、だんだんと仏さまのような心になっていくというわけです。つまり自分の中に潜在している仏さまが誘発されて表に出てくるのです。そして、仏さまのような意識の高い行動をするようになるというわけです。要するに、「仏の真似をして仏になる」のです。

『徒然草』に、「狂人の真似をして道を走らば、すなわち狂人なり。悪人の真似をして人を殺さば、悪人なり」とあります。みなさんが狂人の真似をして、パンツ一枚で道路に飛び出して警察に捕まったとして、どんなに「真似しただけです」と言い訳しても、納得してもらえないでしょう。

逆に、仏の真似をして、仏ならどうするかと考え、仏の心で生活するわけです。毎日毎日、「仏さまならこんなときはどうする」と考えて仏を演じることを繰り返して仏役を演じ切ったら、その人は「仏のような人」と言われて、尊敬されるに違いありません。

「仏の真似をして仏になる」という考え方を応用すると、「優れた経営者の真似をして、優れた経営者になる」というやり方もあります。つまり、優れた経営者になったつもりで、いや、なり切って一日一日を生きていく修行です。

優れた経営者ならどうするだろうと考え、エクセレントリーダーを真似しながら生きるのです。この方法はまるで、幼子が親の真似をして育っていくのに似ています。このことは弟子が師匠の言動をそっくり真似ていつか一流になっていく日本古来の修行法と一致しています。

■欲のエネルギーを活用する

欲にはエネルギーがあります。だから密教では、欲を頭から否定するようなことはしません。つまり「角《つの》を矯《た》めて牛を殺す」ようなことはしないわけです。欲望を頭から否定してしまうと、本来のエネルギーを殺してしまうからです。

密教は、欲望を否定することが悟りにつながると説く仏教の通常の教えとは隔たりがあります。

自分を中心にした欲望を「小欲」と言います。この自分中心の欲望のエネルギーをもっと大きくして、世のため人のためを考える大きな欲のエネルギーに変えていこうというのが密教です。エゴにもとづく欲ではなく、自分以外の他人のためになる大欲に向けた欲望に切り替えるわけです。

誰もが「金持ちになりたい」「有名になりたい」「長生きしたい」といった世俗的な欲を持っています。それを世のため人のために、より高度な欲望に転換していくのです。自己中心的な欲望を一度否定した上で、欲が持つ本来的な生命力を活かして、大きな普遍的な欲望にまで育て上げることを密教はねらっているのです。

渋柿は渋いままではとても食べられませんが、皮をむいて太陽に干しておくと、干し柿となって甘味が増します。

このように密教では、欲のエネルギーを活かして、より多くの人の幸せのために活動しようとするエネルギーに転換していくわけです。

この転換の方法として修行という方法があるのです。修行は決して「難行苦行」することではなく、瞑想したり、マントラ（真言）を唱えたり、歩行禅をしたり、お経を読んだりして、自己の心を清浄にしていき、だんだんと自分の心が仏の心に近づいていき、まるで仏さまが世のため人のために働こうとするように、自分の「小欲」のエネルギーがそのまま「大欲」に変換され、多くの人を幸せに導くために生きていこうとする体質に変わっていくわけです。

■結果よりもプロセスが大切

密教では、目的より手段のほうが大切と考えます。仏になることよりも、毎日仏らしく生きることのほうが大切というわけです。毎日を楽しくおおらかに幸福に送ることが、仏らしく生きることの方便でもあるというのです。

近ごろは、結果がすべてだと言って、「売上、結果さえよければ、いい給料もあげられ、ボーナスも多く出せるのだから、がんばれ」と、お金が幸せのすべてであるかのように意欲づけしている経営者に時々出合います。

しかし、日々働きがいや、やりがいをもって創造的な仕事をし、幸せ感あふれる活動を続けた結果としての売上や利益でなくてはなりません。つまり、日々幸せな気持ちで職場生活を送り、かつ人間的にも本人が成長していくような仕事のプロセスをつくり込むことが大切であり、それによって必ずや結果もついてくるというわけです。密教では、結果よりもその過程を大切にしています。

■長所を組み合わせて全体で百点

密教寺院に行くと、仏さまの集合図であるマンダラを見受けます。仏さまはお釈迦さま、阿弥陀さま、観音さまなどが人気ですが、それだけが仏さまではありません。胎蔵界曼荼羅には四百五の仏さまがいます。

マンダラの中には、大乗仏教の菩薩ばかりではなく、民間信仰の神々も含め、仏さまの性格別にいくつかのグループに分けられ、配置されています。

例えば、「情け深い神様はこちら」「勇ましい神はあちら」「頭のいい神はこちら」「実行力のある神はあちら」というようにです。

会社でいうと、事業部制をなしているようなものです。観音さまのような優しい神様が集まっている場所を「観音院」と言います。会社の組織で言えば、「優しさ推進事業部」という部門になるでしょう。マンダラでは同じ性格や機能を持ったグループを「部」といわず「院」と言います。

ところで、観音さまはとても優しいけれど、ちょっと人がいいところがあります。お不動さんは勇ましいけれど少し乱暴なところが見え隠れします。私が求聞持法で百五十日間お世話になった虚空蔵菩薩は、頭のいい仏さまですが、少々クールなところがあります。

しかし、マンダラの世界ではそれぞれの仏さまの長所を認め、本来の個性を前面に出して、神々や菩薩として称えています。

個性を持つということは、百パーセント完全ではないということです。仏さまだって、長所短所があります。しかし、短所を取り上げて「人のいい観音さま」「乱暴なお不動さま」などといって、欠点を非難することは決してしません。短所と裏表の関係にある長所だけに目を向けて、称え崇めているわけです。

そして、長所と長所をうまく組み合わせて、全体で満点を取ろうと努力し合っているのが、マンダラの仏さまたちです。会社組織もこのように一人ひとりに満点を望まず、全員の長所と長所を組み合わせて力を大きくして、満点を獲得する組織運営をしたいものです。

一元的な価値観で善悪を二分し、善だけを尊重する思想は東洋にはありません。一つの価値で推し量り、排除したり否定したりすることはないのです。

マンダラの中には一パーセントくらいしかよいことをせず、あとは暴れて遊んでいるという、地元信仰の神様も配置されています。しかし、そのわずかな長所に目を向け、それぞれの個性を生かし、全体として調和のある宇宙観が、マンダラの中には表れています。

このような密教の持つ世界観やマンダラ思想は、対立や抗争が渦巻き精神的にも混迷が深まっている現代の企業社会でも、新しい指導原理として重要性を持つと考えられます。

■無常なものにこだわらない

「いろはにほへとちりぬるを」――これは「色は匂へど散りぬるを」という無常感を歌った弘法大師空海の詩です。わかりやすく述べると、「いつまでも色気たっぷりでいると思ったら大きな間違いで、いつか散っていく身なのだよ」という意味です。

私も時々まわりの女性たちに、「いつまでも若くてピチピチしていると思っていても、すぐに賞味期限切れになるよ」などと、ついつい悪口を叩いてしまい、時には嫌われてしまいます。

「三日見ぬまの桜かな」「光陰矢のごとし」――あっという間に時は移り変わっていく。何ごとも、いつまでもいまの状況を保つことはできません。だからこそ、「いまここ」を精一杯生きるということを、私はまわりに訴えているわけです。

経営者の中に、過去の実績や栄光を語る人がいますが、人は過去には生きられません。いや、過去に生きてはいけないのです。一方、若い二世経営者の中には、未来の自分をあれこれ心配する人がいますが、私は「橋を渡る前に橋のことを心配するな」と一喝します。未来をあれこれ妄想して心配してはいけません。心の疲労を増やすだけです。つまり、「いまここ」を精一杯全力で生き切ることが大切です。

■自分の人生に輝きをつくる

眉間に縦じわをよせて辛そうに生きている経営者に、時々出会います。そういう社長と話し始めると決まって、「過去に取引先が倒産したことが今日の……」とか、「信頼していた部下がお客と社員を引き連れて独立した」など、過去の辛い、悔しい思いをとうとうと語り始めます。

しかし、時を巻き戻すことはできません。辛い過去のことを思い出して口から出すほど、辛さは膨らむばかりです。楽しかったこと、嬉しかったことを思い出す習慣を身につけることが大切です。そして、未来の夢を語ることです。

世の中の不幸を一手に引き受けたような、悲しい能面のような顔をした女性に出会うこともときたまあります。そういう人は常に、今日一日にあった嫌なこと、問題のあることばかりを振り返って、暗い、辛い思い出にふけっています。そして、人を恨んだり、嫉妬心を高めたりする日々を過ごしているので、心の中はまるで、黒く重い雲が立ち込めているかのようです。

私は、そんな女性には必ず次のように言います。

「寝る前に三つだけ、今日あった、よいこと、楽しいことを思い出して休みなさい。そうしたら、一週間もするとあなたの心は軽く明るい気持ちになり、感謝の心が湧き上がり、表情も変わりますよ。そんな顔をしていたら、部下たちは誰もついてきませんよ」

人生に輝きを見つけ出し、幸せで勢いのある日々を送るためには、楽しいことだけを選んで、語り合って生きることです。リーダーは明るく陽気で、活気を発していなければなりません。

■価値判断基準は変えられる

世の中の善し悪しの判断基準は、時の情勢によって変わるものです。東北や熊本の震災によって、人びとの判断基準が「物」から「心」へ、「自分だけ」から「みんなと共に」、「自社だけの売上向上」から「地域の復興と活性に」というように、あることが引き金となって大きく転換するものです。自分のものの見方、価値判断さえも、時がたてば変わるものです。

それは、経済や社会の流れだけではなく、自分の失敗経験や成功経験の積み重ね、関わって影響を与え合う人びとによって変化していくものです。

したがって、現在の判断基準や価値基準にこだわらない生き方をしていくことが、心安らかに寛容性をもって生きる、器の大きい人物になる道です。

また、完璧をめざして毎日を歩んでいると、途中で力尽きてしまうことがあります。七十点をとったら、自分に拍手を贈ってあげることです。あの戦国最強と言われた武田軍団の将、武田信玄も「六割勝ち」をめざしていました。だから長篠の戦いで敗れるまでは、何百回戦って、全戦全勝です。引き分けなしで六割勝ちを勝利とし、軍の勢いを保っていました。

自分のものさしの満点を基準にして生きないことです。自分が百点としていることは、他人から見れば百五十点かもしれません。その基準で六十パーセント達成すれば、ほかの人から見れば九十点になるのです。要するに、自分の基準にこだわるなということです。好きな人を見つめていると、長所だけが目についてしまいます。あばたもえくぼです。嫌いな人を見ていると、ケチばかりつけたくなります。坊主憎けりゃ袈裟まで憎いです。いい人も悪い人も、見方次第で変わるものです。自己の善し悪しの基準があるので、それをもとにイライラしたり、腹を立てたり、時には落ち込んだりするものです。

だから、自分の価値基準や判断基準で、これが正しい、これがよい、というこだわりから少し距離をとってみることです。「般若心経」の言わんとしている「こだわらず」「とらわれず」という生き方です。

■他人の情報に右往左往しない

私は経営者のみなさまに、「瞑想や坐禅をし、心を清浄にして自然の流れに身をまかせ、あるがままに生きなさい」と言っています。そうした生き方のほうが、往々にして物事がスムーズに流れ、周辺とのトラブルも少なく、成果が上がる場合が多いからです。

しかし、部下や取引先からの情報が入るたびに、心が揺さぶられたり右往左往している姿を見ることがよくあります。

情報というのは、文字通り「情」が入った「報」であり、その人の思いや願望、欲望が混じってくるものです。

時には、部下が自分の都合や欲望によって、情報を巧みに組み立てつくり上げてくることもあります。そうした情報に左右されず、自分の想いに従い流れにまかせて貫くことが大切です。

外からの情報や意見は、時として邪魔になることさえあります。

■人世に尽くせば心の垢は消える

雨の日は、空には雲がたちこめ月が隠れてしまうように、清浄な仏さまのような心を持っていても、時には雲がかかり塵がたまって歪んでしまうのが、多くの人びとの実態です。

利他の心で他人を思いやって行動していくと、悩みの垢がなくなっていくものです。

ボランティアで汗をかいたあと、なぜか心がすっきりしたり、悩んでいる相手のために尽した後は不思議とさわやかな気持ちになっていることを、みなさんも体験していることでしょう。

人は相手の「ありがとう」という言葉や、社会の人びとからの感謝の想念で、心の垢やシミが消えていくものです。

■我を捨てれば悩みは治まる

人生の多くは、思うようにいかないようになっています。自分の思い通りにいかないときには、落ち込んでストレスとなり、情熱も失われてしまいます。

時には自分の思いを薄める努力をすることも大切です。別の言い方をすると自分の思いどおり事を成し遂げたいとする「我をなくす」「エゴをなくす」ことと言っていいでしょう。

自分中心の考えをちょっと横に置いてみることです。自分が描いてこだわっているシナリオよりも、他人の想いや他人の描いたシナリオのほうがうまくいくことがあるからです。

リーダーになる人間は、常に自分を静かに客観的に見つめ、自己と我との距離を置く練習をしておくことが大切です。

■菩薩型リーダーをめざす

菩薩型リーダーは、常に「人間としてどう生きるべきか」「社会の中で人はどうあるべきか」など、人として望ましい姿を求めて、自己を向上させ、磨き続けている人です。自分の人間力を向上させ、人びとの幸せ創造のために日々努力している人間です。

仏教では「上求菩提・下化衆生」と言います。上に向かっては仏のような心となって行動することをめざして修行し、下に向かっては多くの人を幸せに導いていこうと実践しているのが、菩薩型リーダーです。

密教の経典である理趣経の中には「生きている限りは常に衆生の利をなして、しかも涅槃におもむかず」とあります。菩薩型リーダーは「苦しんでいる仲間が一人でもいる限り、決して自分だけ幸せな方向に行くものか。いくならば、みんなとともに行こう」とがんばっています。こういう人は、自分だけ小さな船（小乗）に乗ってスイスイと向こう岸に渡ろうとは決してしません。大きな船（大乗）にみんなを乗せて、「おーい、みんな乗れよ。一緒に行こう」と言って、自分が船頭になってみんなを乗せた船を漕ぎ、向こう岸にある

「人間として望ましい在り方の方向」や「幸せ創造の方向」に向かって日々努力しているのです。

私たちはこうした船頭役をする「菩薩型リーダー」をめざして努力・精進していきたいものです。

第十章

「心と道」の経営リーダーの指針

■日本をいま一度、光り輝く国に

足ぶみが続く日本経済、自信と誇りを失い始めているこの国の現状にあって、私は日本をいま一度光り輝く国にしていきたいと願う人間の一人です。これは、この国の未来を憂いたままこの世を去って行った先達、先徳の想いを、私が継承しているからです。

私は幸いにして、コンサルタントや大学の先生をしていた仕事柄、若いときから一流の経営学の教授陣や、著名な大物経営者の方々の謦咳《けいがい》に接し、その薫陶を受けてきました。今でもそうした方々の魂の嘆きに共感できるだけに、憂国の想いを継承しています。

日本を再び光り輝く国にするためには、「日本らしさを持った企業の復興」が大切であると考えます。そのためには、松下幸之助や本田宗一郎のような「一流の、日本人らしい企業家の輩出」が、いま必要なのです。

それには、企業家たちの魂の中に「日本的な経営思想・経営哲学」を確立させ、各企業は「日本的な企業理念を軸に据えた企業活動」を行っていくことが望まれます。それにより日本企業らしさが明確となり（アイデンティティーの確立）、企業の格式が上がり、品格が形成され、世界に向けて徳の高い企業として評価されていくのです。

世界の日本を見る目を意識するとすれば、韓国や中国企業のやり方に東南アジアの人びとが眉をひそめているだけに、日本企業への期待は思いのほか高いということを自覚し、それぞれが本来の日本企業らしさを確立していかねばなりません。

■理念発信で世界に羽ばたく

これまでの日本は、経済力や技術力などのハードパワーで世界に影響を与えてきました。しかし、こうしたお金や技術の力といった影響力だけでは、世界から信頼は得られません。これからは、理念や文化、価値観などのソフトパワーで世界からの好感度を上げ、日本企業への敬愛の念を高めていくことが大切です。

幸いにして日本には、長い歴史の中で培われた日本思想があります。これは、古くからある仏教、儒教などの東洋思想を取り入れ、新渡戸稲造が『武士道』の中でザ・ソウル・オブ・ジャパン（日本人の魂）として示し発信し尊敬されたものです。

例えば『武士道』の本は明治の時代に、三十カ国語に訳され、世界的ベストセラーになった輝かしい日本思想です。アメリカ第二十六代大統領ルーズベルトはポーツマス条約で、「あなたの国のことはよく知らないが、『武士道』は知っている」と語った逸話は有名です。

また第三十五代大統領ケネディも『武士道』の大ファンで、尊敬する日本人として上杉鷹山の名前を挙げたと言われています。ケネディは内村鑑三の『代表的日本人』も愛読していたようです。

最近ではトム・クルーズが映画『ラストサムライ』の制作にあたり、武士道の本を何十回も読み込み、映画の中では本物の武士道の姿を誤解なく伝えようとしたそうです。

我々はこうした武士道をはじめ、世界中に誇れる日本思想をしっかりと身につけ、自信と誇りをもって世界に発信していく必要があります。

■経営者の魅力で尊敬を得る

これからの時代、企業力向上の第一歩として、経営者や社員の行為・行動の魅力で、お客様の尊敬を得、信頼を獲得していくことが大切です。それは、お客様への心配りや思いやりなどホスピタリティーあふれる接触をするなど、人間力や人間として尊敬される行為・行動を行うことにより、その企業の好感度を高めていけば、お客様のほうからその企業に集まってくるというわけです。

企業のファンが増え、ファンがリピーター、信者となり「あの会社のあの商品やサービスのあり方はすばらしい」「あのお店の○○さんはとてもいい方だ」などと、お客様側が企業のすばらしさを発信しＰＲしてくれる〝伝道師〟になってもらえるのです。

このように、人気ある企業は他より一歩先回りして価値の高い製品やサービスを提供し続け、お客様に喜びと感動を与え続けます。常にお客様の立場に立ち、その一歩先を照らして導くような企業活動を推進していきたいものです。

経営者は常に先を見て、目前の売上・利益だけを追うのではなく、長期的な視座からの意思決定を心がけ、社内に進取の気性に富む気風をつくり込んでいきましょう。

■人物を育てて差別化する

私は、これからの時代は企業の〝財務的価値〟よりも、もっと大切なものがあると考えています。「あの会社にはいい人たちがいる」「なかなかの大物が経営幹部に揃っている」と言われるような、〝人間的側面〟で差別化を図ることを期待したいのです。

かつて松下幸之助が、「おたくは何をつくっているのかと聞かれたら、『人物をつくっています。あわせて電気製品もつくっています』と答えなさい」と言ったように、当時の松下電器からは優秀な人物がたくさん輩出されています。

これからの企業には人物力、社風、文化力が大切になってきます。消費者、生活者の立場に立ってみたら、その企業の売上、利益、資本力などにはあまり関心はなく、それよりも親切でお客のために尽くしてくれる社員の多い企業のほうに好意を寄せているわけです。また、企業の社会的貢献や地域への関わり方なども注目されており、それによりお客様は「良い企業」「悪い企業」「普通の企業」として評価しています。決して株の内容を見続けるトレーダーのような数値的な企業評価ではなく、人物的・文化的な消費者の自然な感性で行う企業価値の評価であることを忘れてはなりません。

■どれだけの人を幸せに導けるか

私は近ごろ、こんなことを語っています。

「私はきっと、あなたよりも先にあの世に逝くことでしょう。だから、あなたがあの世にやってきたら、三途の河原の真ん中ぐらいまで迎えに行ってあげますからね。そこで私は一つだけ質問をします。それは、あなたが一生でどれだけ金を貯めたかではありません。『どれだけ多くの人を幸せに導いたか』と尋ねます。その答えによって、閻魔大王はじめ親しい仏さまに根回しして、あの世であなたが最もいい場所に行けるように動きます。だから、大いに人を幸せに導いておいてくださいね」

一見冗談のようなふりはしますが、実は本質を突く話です。「人生の目的は、どれだけ人を幸せにするのか、そのプロセスで自己の魂をどれだけ磨けるのかなのです」と訴えているのです。

どうやらあの世では、この世で「徳積みして人を幸せにした人」と「自己の魂を向上させて光り輝く人間になった人」がとても居心地のいい場所に行けると、仏教の世界で学んでいるからです。

読者のみなさまも、多くの人びとを幸せに導くような活動をしてください。また、日本的な商人道の三方よし（三方幸せ）の精神を身につけ、自己の想いと魂を磨く「想魂錬磨」の実践を続け、あの世に逝くことを期待しています。私は必ず三途の川まで迎えに出ていますから。

■人を幸せに導く十七カ条

本書では「人を幸せにする経営」を基本において述べてきましたが、ここで人を幸せに導く考え方についてまとめておきます。

第一条　人はみな幸せに向かって進んでいる

不幸になりたくて日々歩んでいる人も企業もありません。向かっているのは幸せの方向なのです。みなさんもそうでしょう。未来の幸せを得るために、今この本で知識、情報を得ています。隣にいる人も、大切な取引先も、幸せになろうと前進しています。であるならば、あなたの役割は、彼らが進もうとしている幸せの方向に向かい、その幸せづくりの援助者やパートナーとなって、手を差しのべたり後押しをしたりすることなのです。

第二条　人に喜びを与えることで共に幸せになる

人に喜びを与えることで自分も幸せになります。仏教では「自利利他円満」といい、東京コカ・コーラの創業者である高梨仁三郎は「人に喜びを与え、一緒に幸せになろう」と言いました。

まずは、人に喜びを与えることから始めることです。取引先の悩みを解決し、先方が進むべき道を支援してあげたら、必ずやこちらの売上に結びつくことでしょう。

「抜苦与楽」とは、相手の苦しみを抜いて楽を与えることです。人はみな自分に幸せを運んでくれる「貴人」が大好きなのです。

第三条　他人を幸せにするために人生がある

母親は、生まれたばかりの子供におっぱいをあげ、その安らぐ顔を見て自分も幸せな気持ちになります。「大きくなったら、あげたおっぱい分をママに返してね」などと思いながら授乳していません。見返りを期待しない無償の愛です。東洋思想の中で育った日本人は、このように見返りを期待せずに相手に尽くすことの大切さを教えています。

自我を主張し、自己の幸せをなんとしても勝ち取るという考え方とは根本的に違います。日本人は「負けるが勝ち」として譲り合い、捧げ合うことを教わってきました。そして、「ありがとう」と言い合ってきました。大切にしたいのは「相互供養」「相互礼拝」の精神です。

第四条　幸せは直接つかめない

幸せというものは、人を幸せにした相手の反応から自分が感じるものです。人が喜ぶ顔を見て、自分も嬉しくなっていくのです。私の娘は旅行先でお土産を買ってきて私に渡し、すぐに「お父さん開けてみてよ～」と言います。包みを開けて「すごいね」と言うと、「でしょ～」と満面の笑みを浮かべます。娘は私の喜ぶ姿が見たくて旅先でお土産選びをしているに違いありません。人は相手が喜ぶ姿を見たときに魂が歓喜するのです。

第五条　利益はお客様を幸せにした褒美である

幼いときに母親の手伝いをして、「よくやってくれた、ご苦労さま」と言ってキャラメルを褒美にもらいました。利益は相手に幸せを与えたご褒美です。

松下幸之助も「利益は会社に貢献した証である」と言っています。だから私は、若い経営者が集う塾では、強い調子で「利益が上がらないと嘆く前に、お客様や社会への奉仕の至らなさを反省しなさい。まだお客様へのお役立ちが不足しているのです」と檄《げき》を飛ばします。

利益というのは、お客様や社会の側から見ると、自分たちを幸せにしてくれた会社に支払う経費なのです。

第六条　「ありがとう」のひと言を得るために

すべてのサービス業は、お客様や社会から「ありがとう」の言葉をいただくためにあります。直接「ありがとう」の声が聞こえる場合と、直接ではないけれど感謝の気持ちを表した心の声を得るためにあるのです。

よい品揃えをして、お客様が「わー、すごい」と感動して喜び、「あなたさまにはとてもお似合いです、ぴったりです」と言って差し上げ、相手が「ありがとう」と笑顔を浮かべ感動して喜ぶ。そのひと言を得るための仕入れであり、売り場づくりであり、接客のはずです。便利なマンションをつくり、橋を架けた建設会社にも、きっと多くの人が心の中で「ありがとう」と感謝の思いを発していることでしょう。

私たちの仕事のすべては、「ありがとう！」のひと言を得るためにあると考えて取り組むことです。どうしたらそのひと言をもらえるか、考え、創意工夫してみましょう。

第七条　感謝の心がないと人を幸せにできない

数多くのお店が立ち並ぶ中で、「私のお店を選んでくださり、ご来店いただき、ありがとうございます」という心からの感謝がないと、相手に幸せになっていただく誠のサービスはできません。「感謝の心でサービスする」姿勢と「この客からなんとか売上、利益を勝ち取ろう」として商売するのとでは、大きな開きがあります。お客はネギを背負った鴨ではないのです。

上司にお茶を淹《い》れてあげる女性がいます。彼女はいつも「ご指導いただき、やりがいのある仕事を与えてくださって、ありがとうございます」という感謝の心を込めてお茶を淹れています。だから、その女性のお茶をいただくときに、幸せな気持ちが広がるのです。

第八条　物理的幸せではなく精神的な幸せを考える

三歳のころ、三輪車をもらいました。伯母が長野県の佐久まで電車を乗り継いで持ってきてくれたのです。私の家は駅から八キロメートルありましたが、伯母は三輪車を手に持って運んで来てくれました。私は三輪車に乗って幸せでした。

高校三年生になったあるとき、ふと壊れたその三輪車を見かけました。大人になりかけた私はそのとき、伯母が私を喜ばせようとしたときの、道のりと手の痛みがわかり、年老いてしまった伯母への感謝の念をさらに強めたものです。

物を差し上げることで幸せを与えるのは簡単です。でも心を捧げる幸せづくりには、時として「苦」が伴います。しかしそのことは時を超えて、いつかきっと相手に伝わっていくことでしょう。

第九条　最も人を幸せにする会社がもっとも幸せになる

オムロンの草津工場に行くと、この文字が工場入口の石碑に大きく刻まれて掲げてあります。私は三十代のころ、コンサルタントの仕事で当時の立石電機（オムロン）に通っていました。

工場の人たちは四月から五月にかけて、工場近くの交差点に黄色の旗を手に、毎日交替で立っていました。工場に出入りするトラックから、小学校に通い始めた一年生を守るためです。

「あの優しいお兄ちゃんはどこの人？」と子供が聞くと、「あの工場のお兄さんたちよ」と母親が答えます。

あれから二十年、そのときの小学生は同じ交差点で、オムロンのユニフォームを着て、あのときと同じ黄色の旗を持って、子供を事故から守っています。

人を幸せにすることはめぐり巡って、その企業の幸せに結びついていくものです。東洋思想では、因果応報の原理を学び、戦前までは勤労奉仕といって会社ぐるみで徳積みすることを促されました。

第十条　自分が貴人になればすばらしい貴人がやってくる

中国ではその昔、自分に幸せをもたらしてくれる人を「貴人」と呼びました。すべての人は、自分に幸せを運んで来てくれる人が好きです。すべての人は、自社を幸せに導いてくれる会社が大好きです。ほとんどの企業は、自分を幸せに導いてくれる企業と取引したいと思っています。

だから会社は、相手に「幸せをもたらす存在」にならなくてはなりません。「類は友を呼ぶ」と言いますが、あなたが幸せを運ぶ人になれば、必ずあなたのまわりには「幸せを運んでくれる幸運の女神」、つまり貴人がやってくることでしょう。

第十一条　幸せのゆりかごを揺らして生きる

ビールを飲み干して「おいしいねー」という人と、黙ってグラスを置く人がいます。どちらの人と一緒に飲んだほうが、楽しい酒席になるでしょう。

「やはりアサヒはうまいねー」と幸せ感を揺らしたほうが幸せの輪は広がります。アサヒ専門の店にいるのに、「本当はキリンがいい」「ビールよりも日本酒だ」などと言う人とは飲みたくないものです。

その場でのみんなの幸せの波動を増幅させて、「いいね、すばらしい」「うまい、ハッピーだ」と、まずは幸せのゆりかごを揺らすことです。ゆりかごは揺らすほど幸せ感が続くのです。

第十二条　すべての出来事を肯定的に受け止める

池に落ちたら「池が浅くて助かった」と言い、川に片足を取られたら「靴が流れなくてよかった」と言います。変えられない事実をいかに肯定的にとらえるかで、その人の人生は決まります。商売人（あなたはビジネスマンではなく商売人であるべきです）は、すべてを肯定的にとらえることで、明るく前向きで活力ある商売になっていくのです。

ガードレールに車をぶつけてフェンダーが凹んだときでも、「よかった、怪我しなくて」ととらえることです。悔んで誰かに携帯で愚痴っても不幸の輪が広がるだけで、車の凹みは直りません。

起きてしまった事実を肯定的にとらえる習慣を身につけましょう。あなたのまわりに起きることを「すべてよし」ととらえる人生を送ることです。

第十三条　自分の人生に恋して生きる

「あばたもえくぼ」という言葉があります。恋している女性の行為・行動すべてがかわいらしく見えるということです。

私はお気入りの女子大生に、アルバイトで仕事を手伝ってもらっていた時代があります。愛嬌があってかわいいのですが、ミスばかりします。しかし、「またやってしまったのか。しょうがないなー」ですませていたのです。

自分にほれ込んで、自分の人生にも恋していれば、どんな難題や障害が起きても「またこれかー。今度はこうきたか、しょうがないなー」と前向きに明るく楽しく問題解決に取り組めます。自分の人生に恋する人は「今日もすばらしい日」と「日日是好日」の人生が送れます。

第十四条　善なる波動・幸せのオーラを出す

そばに近づいただけで、光のシャワーを浴びたような幸せな気分になる素敵な人がいます。ゆったりとした気持ちになり、安心し、心が静まり、まるで魂が温泉につかったような気分になれるのです。

善なる波長・波動を出し、幸せのオーラを注ぎ、発信している人は、ゆったりした観音さまのような寛容性と受容性の雰囲気をかもし出しています。

言葉や行為以外にも、その人の放つ雰囲気が人を幸せに導くことはあります。そういう人は決まって、自分の中に幸せ感が満ちていて、愛をため込んでいます。

第十五条　まわりに幸せの連鎖反応を起こす

自分や自社だけが幸せを味わっていてはなりません。何かうまくいったとき、「こうして幸せになれた」「こうして成果を上げられた」「こうして新規の顧客獲得に成功した」と伝え合うことで幸せの輪を広げます。

自慢話をするのではありません。まわりの人びとを幸せに導くため、あなたの会社の周辺企業を幸せにしていくため、幸せの連鎖のしかけをしてみてください。人を幸せにする人が幸せになり、幸せの連鎖をつくる企業がより幸せになっていくのです。

第十六条　小さな幸せを敏感に感じ取る

村祭りのような大きくて楽しい幸せは、年に一、二回しかやってきません。その大きな幸せを、人が与えてくれる「幸せの瞬間」として待ち焦がれているだけの人は、日々を幸せに過ごすことはできません。

竹細工の小さなかごに美しい草花を一つひとつ摘んでいくように、自分で小さな幸せを少しずつ摘んでかごに入れ、小さく咲き誇った幸せがたくさん集まったかごを見て、幸せを感じることが大切です。幸せは「幸せ感」ですから、自分が感じ取るものです。普段から小さな幸せを敏感に感じる「幸感帯《こうかんたい》」を磨いておくことが大切です。

第十七条　人生の目的は人を幸せに導くことである

東洋思想では、「積善」（人を幸せにする善なる行いをすること）とか「徳積み」を大切にします。また「利他」（他人の幸せのために尽くすこと）、「布施」（見返りを期待しない施し）などの教えが古くから実践されてきました。

私たち日本人は幼いころから、「あの世に行ったら天国と地獄があり、この世の生き方によって、右か左かに分かれるんだ」などと教えられてきました。閻魔大王が三途の河原の向こう側で待ち構えていて、あなたの一生の行いを鏡に映し出し、「どれだけ多くの人を幸せに導いたか」で評価するようです。

私たちは昔の人が語った真実、本質を信じ、「人を幸せにする善行」を一生かけて行っていくことにしましょう。

■未来に残したい日本的経営十則

これまで述べてきた考え方をベースにしながら、これからどのような考え方で新しい時代の日本的経営を行っていくべきかを十則にまとめてみました。

一、日本思想を軸にした経営

本書のベースには、企業経営に日本思想・東洋思想を背景に持って活動することの大切さがあります。グローバルな時代こそ、包摂《ほうせつ》性のある発想や利他の思想を諸外国に発信し、共存共栄のビジネスに導くことが、不安と不信の渦巻く世界の中では必要です。

二、人本主義・人間尊重の経営

お金中心の資本主義に対して、人間中心の人本主義・人間尊重の経営が大切です。「金儲けのために人をどう使うか」の発想をやめて、「社員をはじめ企業にかかわるすべての人びとを幸せに導くためにどのようなプロセスをとり、お金を稼ぎ出し、そのお金をどう使うか」と考えます。企業は人を幸せにするために存在するのであって、株主という一部の資本家に貢《みつ》ぐために存在しているわけではありません。

三、和と情と絆の経営

仲間と和みながら仕事をすることで、人の心は安定し、安心（あんじん）なる日々を過ごすことができます。日本人のお家芸は「和の精神で生きる」「仲間と和気あいあいと楽しく活動する」ことです。相手を思いやる心、すべての人に優しい情をもってかかわることです。そうすることで社内やお客様との絆が深まり、企業は永続的繁栄の道を歩むことができます。

四、一体感のある経営

集団主義、チームワークも日本の企業のお家芸です。多くの経営リーダーは「一丸となって心ひとつに」という言葉を好み、社員も「チームワークで成し遂げる」ことが好きです。隣席の人はライバルではなく、同音同響の同志なのです。全員が心ひとつに一体となり部門間の壁を取り払って風通しよく連帯して、志や目標に向かっていきたいものです。

五、共存共栄の経営

日本人は相手を突き飛ばして自分が先に進んだり、相手を蹴落として自分だけ生き残るようなことは好みません。共に生きよう、共に発展しようという共存共生への道を選びます。得意先も、ステークホルダーではなく、共に生き、共に発展成長する仲間です。コンペティター（競争相手）という言葉は昔の日本にはありませんでした。「食うか食われるか」の生き方も日本人は不得手《ふえて》です。日本人は「共存共栄の心」で助け合って生きてきた人種なのです

六、利より徳の経営

利ばかりを追い求めると、他の人の利を奪って生き残ることになります。古くから日本人は商人道の教えで、「利は徳の結果である」として育ってきました。「社徳が社格をつくる」と言われます。徳とは世のため人のため、よいことをして貢献することです。「利益が上がらないと嘆く前に、お客様や社会への貢献の至らなさを反省すべきである」という考えを全社員が持ち、そうした社風・風土をつくることが百年繁栄に導く道なのです。

七、三方両得の経営

日本には春夏秋冬の季節の変わり目があり、情緒性の高い民族とされてきました。潜在的にすばらしい感性を持ち合わせているのです。「惻隠《そくいん》」とは他人の気持ちを思いやって、かわいそうに思うことです。相手が苦しいとき、悲しみに陥っているときこそ、援助の行動をすべきです。お客や社員への思いやりの経営が基本です。

納入先の経営が苦しいときに在庫品を引き揚げたり、銀行が貸しはがしをするような行動は、商人道からはかけ離れています。商売人はみんなが幸せになる三方両得の経営をすることです。欧米流のマネーゲームに引きずられてはなりません。

八、勤勉・努力の経営

二宮金次郎の柴を背負って学ぶ像に、日本人は勤勉・努力の大切さを叩き込まれました。ワークライフバランスも大切ですが、「仕事が楽しくて面白くて仕方ない」「仕事をしているときこそが自分の人生そのものだ」という人もまだまだこの国にはいます。

自己の向上や職場の仲間の成長のため、自分が貢献しているという実感（自己の存在価値）を持つことが、幸せだと感じる人生もあるのです。「自分の仕事は社会的に価値ある仕事」「自分は見られ、頼られ、期待されている」と感じて楽しい人生を過ごしているのなら、楽しさが仕事（ワーク）であってもいいのではないでしょうか。

一人ひとりが自分流の幸せを求めて自律的、主体的に努力するような働きがい、幸せ感のある職場の風土をつくり込んでいきたいものです。

九、独創性・協調性の経営

何事にも創造的、挑戦的に取り組む企業が発展し、エクセレントカンパニーとなっていくことが証明されて久しいのですが、往々にして個々人の独創性を重視し、促し続けると、個性を重んじるばかりに、協調性やチームワークが乱れてしまうことも、時にはあります。

個性を重んじ、協調し合い、チームワークもよい、まるで野鴨集団のような組織にしていきたいものです。「社員よ野鴨たれ」と言ったＩＢＭのワトソンさんによると、野鴨は個性的・独創的・挑戦的だが、いざというときはチームワークよく一丸となった行動をするそうです。

十、包摂性・寛容性の経営

職場に女性や外国人の進出が目立ち、ダイバーシティなどということも近ごろ叫ばれています。マンダラを生んだ東洋の思想では、あらゆる異文化や価値観、個性のある生活パターンを受け入れる包摂性と、あらゆる考えを受け入れる寛容性を持ち合わせていることが望まれています。

様々な生活パターン（仕事のスタイル）をもったメンバーが混在してくる時代、グローバル化され異なる文化と価値観の中で活動していく時代ですから、世界の人びとにうらやましがられる「日本の心を背景に持つ日本的経営」を、誇らしく実践していきたいものです。

そうすることが、世界の人々から敬愛される日本企業や日本国家を築いていく道であると、私は確信しています。

【主要参考文献】

心に火をつける創業者100人の言葉（宝島社）
いのち輝かせて生きる（致知出版社）
創業者列伝（学研パブリッシング）
修行千二百日（PHP研究所）
創業者は何を教えたか（経済界）
松下幸之助　成功の金言（PHP研究所）
本田宗一郎の教え（ロングセラーズ）
井深大とソニースピリッツ（日本経済新聞社）
人を幸せにする人が幸せになる（PHP研究所）
初恋五十年　甘くて酸っぱい人生遍歴（ダイヤモンド社）
貫く「創業」の精神（日本経済新聞社）
私の履歴書シリーズ（日本経済新聞社）
幸せ創造企業への道（日本経営道協会）
経営に夢と大義あり（日本経営道協会）
日本的経営で未来を拓く（日本経営道協会）

〈著者紹介〉

市川覚峯（いちかわ・かくほう）

◎——日本経営道協会代表、(社) 企業家ミュージアム代表。長野県生まれ。

(学) 産業能率大学経営管理研究所に所属して大企業の経営指導を行い、㈱山城経営研究所の常務理事として「ＫＡＥ経営道フォーラム」を創設し、経営者教育を手掛ける。44歳から「日本の心の復興」の志を立て、比叡山、高野山、大峰山などで千二百日の荒行を重ねる。

下山後、経済界に「日本思想の復興」のため日本経営道協会を設立し、代表となる。

2015年、日本が誇る企業家の思想発信と継承のため、企業家ミュージアムを設立し現在に至る。

◎——主な著書に『心に火をつける創業者100人の言葉』（宝島社）『いのち輝かせて生きる』（致知出版社）『修行千二百日』（ＰＨＰ研究所）『社風革命』（第二海援隊）『職場の活力ｕｐ』（産業能率大学出版部）など多数。

□お問い合わせ先
日本経営道協会
東京都千代田区外神田２－２－19　丸和ビル２Ｆ
TEL　03-5256-7500　FAX　03-5256-7600
Ｅメール　info@keieido.jp　　HP　http://keieido.jp/

経営道——心と道の経営

平成二十八年七月七日第一刷発行

著者　市川　覚峯
発行者　藤尾　秀昭
発行所　致知出版社
〒150-0001　東京都渋谷区神宮前四の二十四の九
ＴＥＬ（〇三）三七九六―二一一一
印刷・製本　中央精版印刷

ISBN978-4-8009-1115-5 C0034
ホームページ　http://www.chichi.co.jp
Ｅメール　books@chichi.co.jp